Dieses Buch gehört:

____

Liebe Eltern, liebes Kind,

herzlich willkommen in diesem Buch!

In diesem Buch erwarten euch viele tolle Aufgaben, die es zu lösen gilt.

Mein Ziel ist es, lehrreiche Übungen mit einer Menge Spaß zu verbinden.

Ich hoffe, dass auch euch dieses Buch viel Freude bereitet

und eine lehrreiche Beschäftigung ist.

Ich wünsche euch von Herzen viel Spaß

mit diesem Buch!

Lilly Wiesmann

ISBN 978-3-98724-085-0
©LernLux Verlag

DER BUCHSTABE A

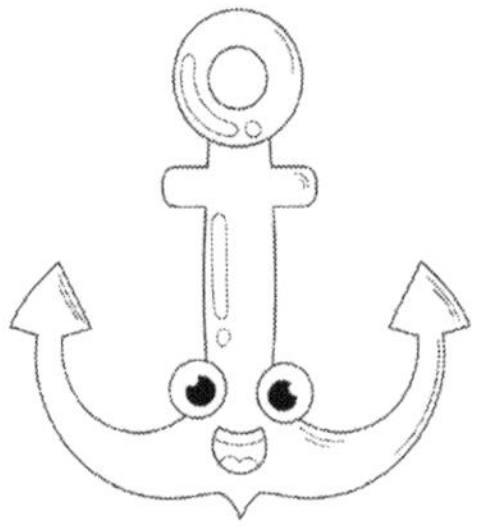

A wie Anker

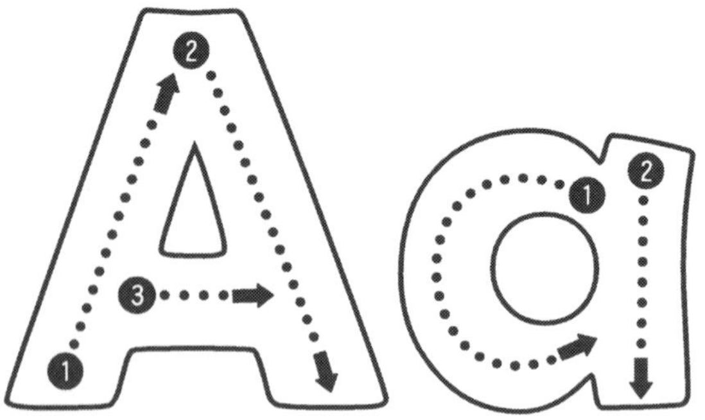

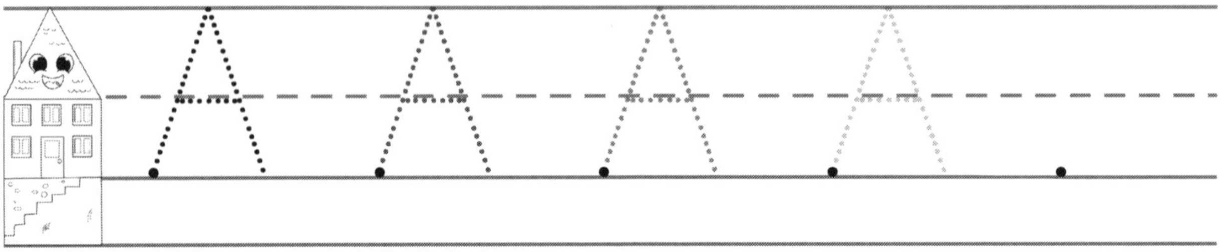

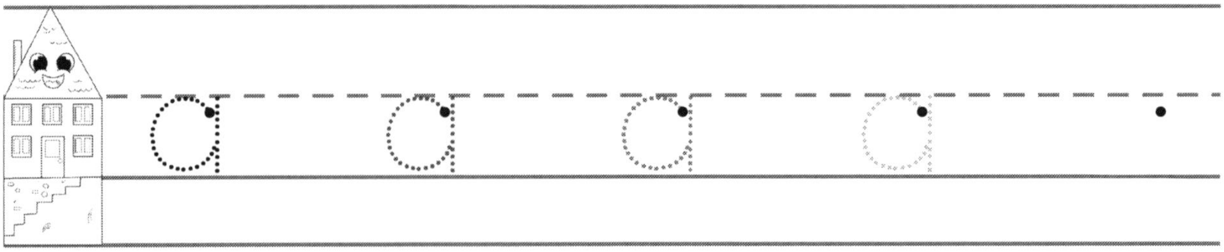

Finde den richtigen Weg zu dem Buchstaben A

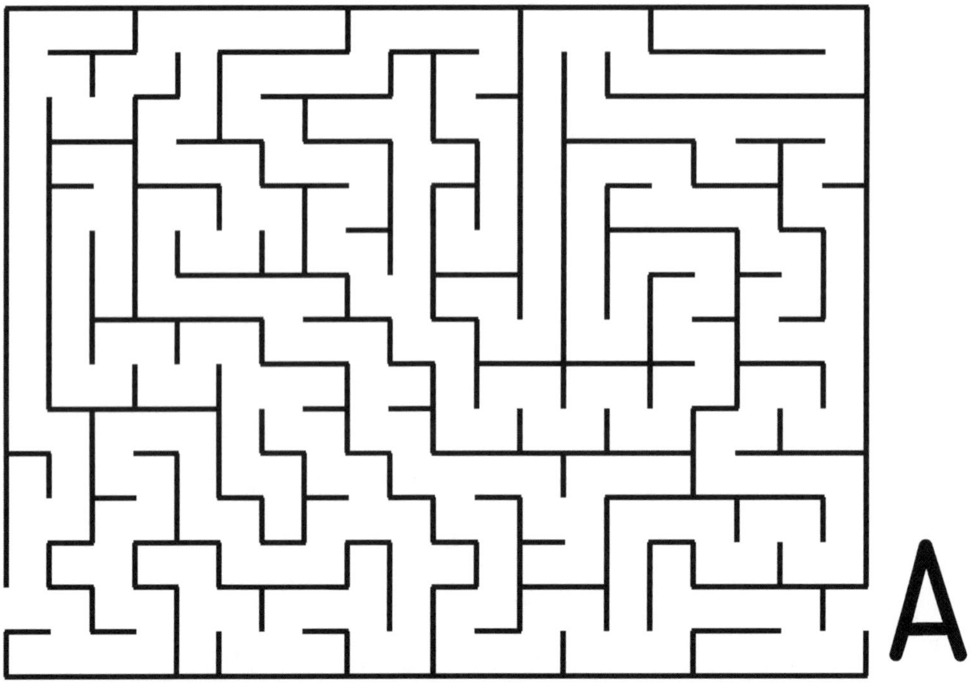

DER BUCHSTABE B

B wie Biene

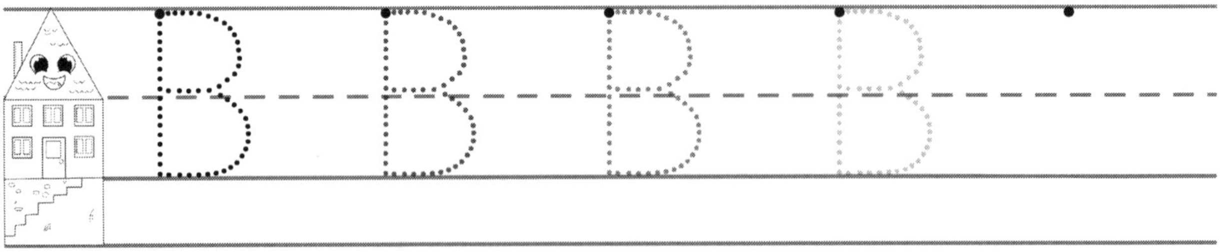

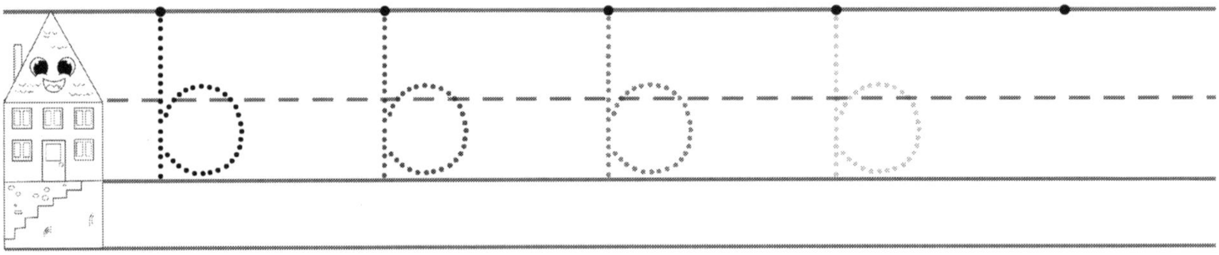

Finde den richtigen Weg zu dem Buchstaben B

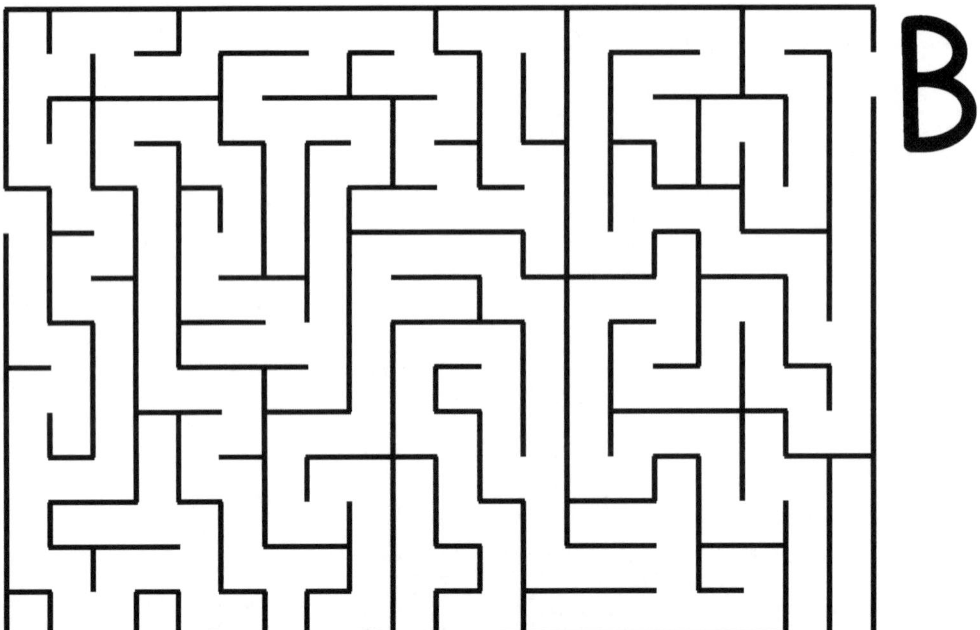

B
B
B
B
B

DER BUCHSTABE C

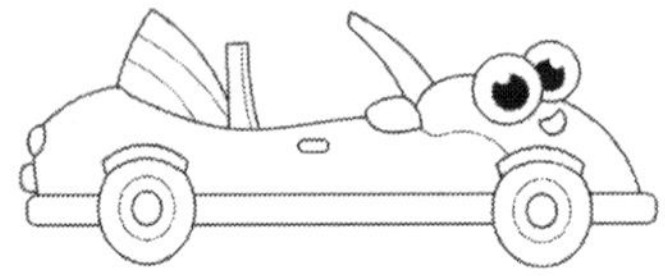

C wie Cabrio

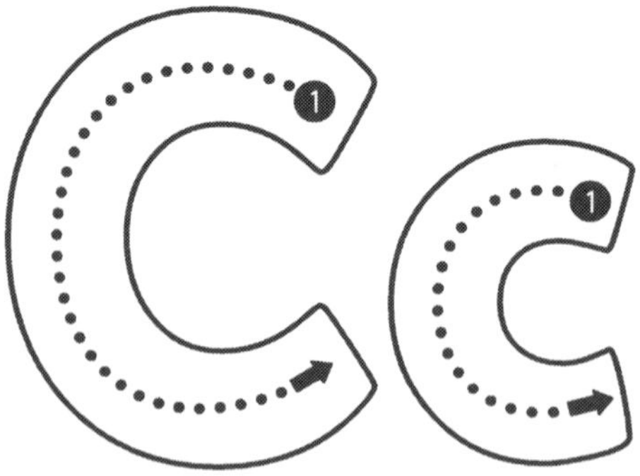

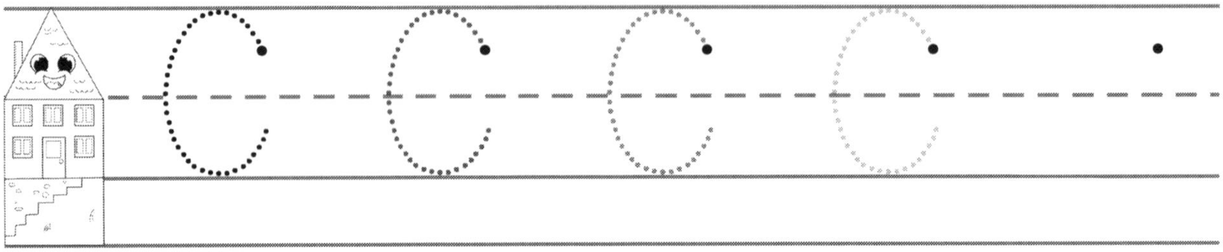

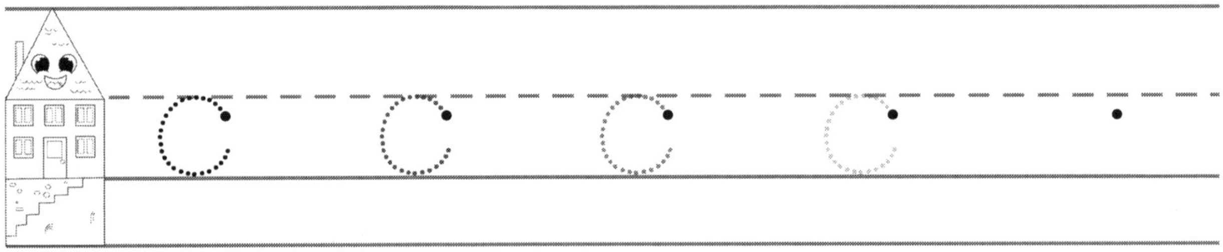

Finde den richtigen Weg zu dem Buchstaben C

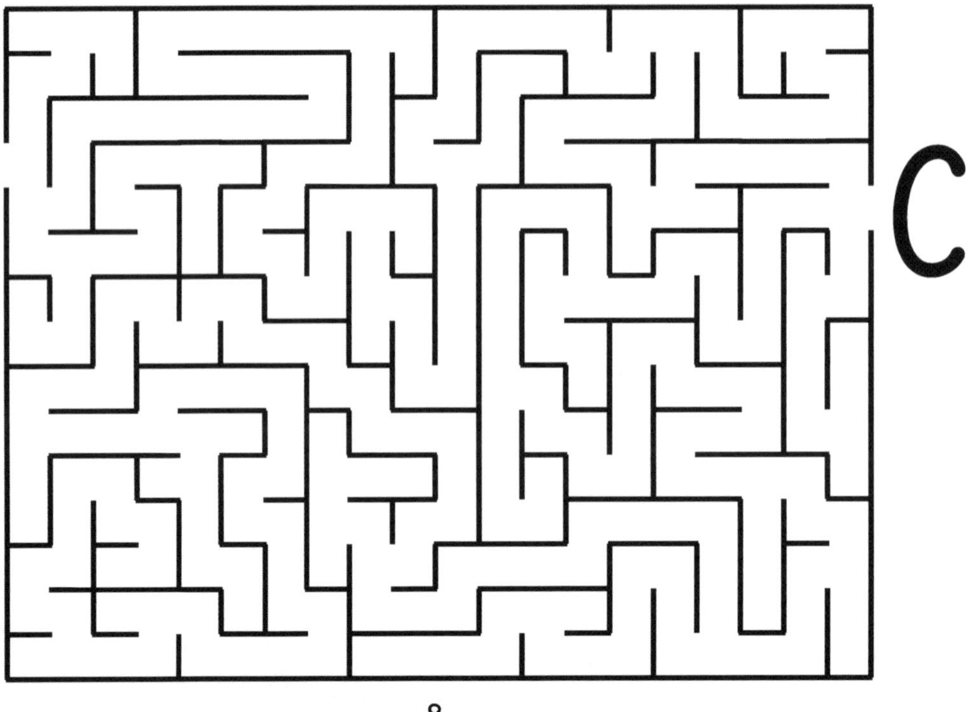

DER BUCHSTABE D

D wie Drache

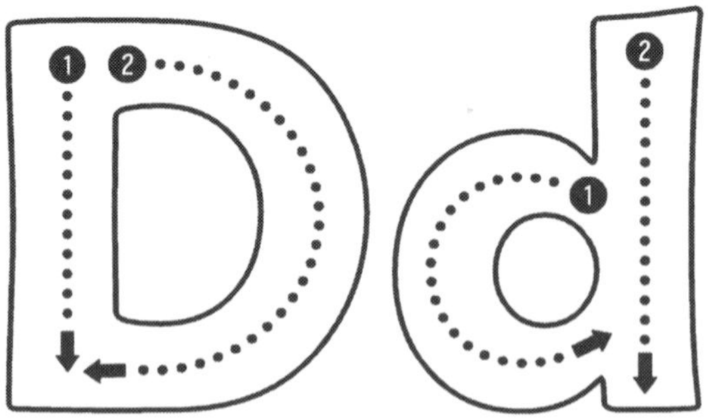

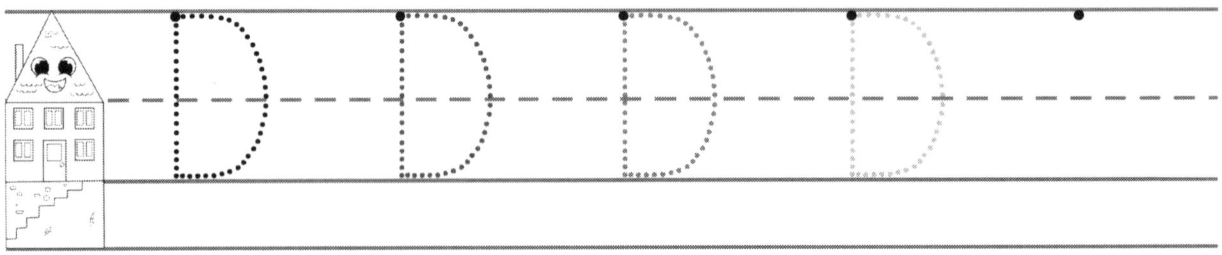

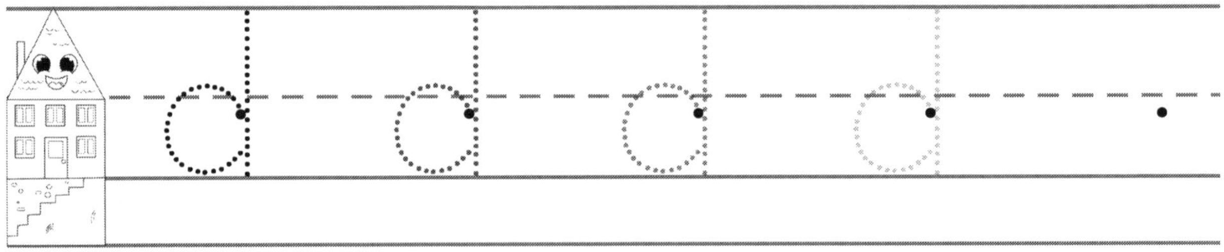

Finde den richtigen Weg zu dem Buchstaben D

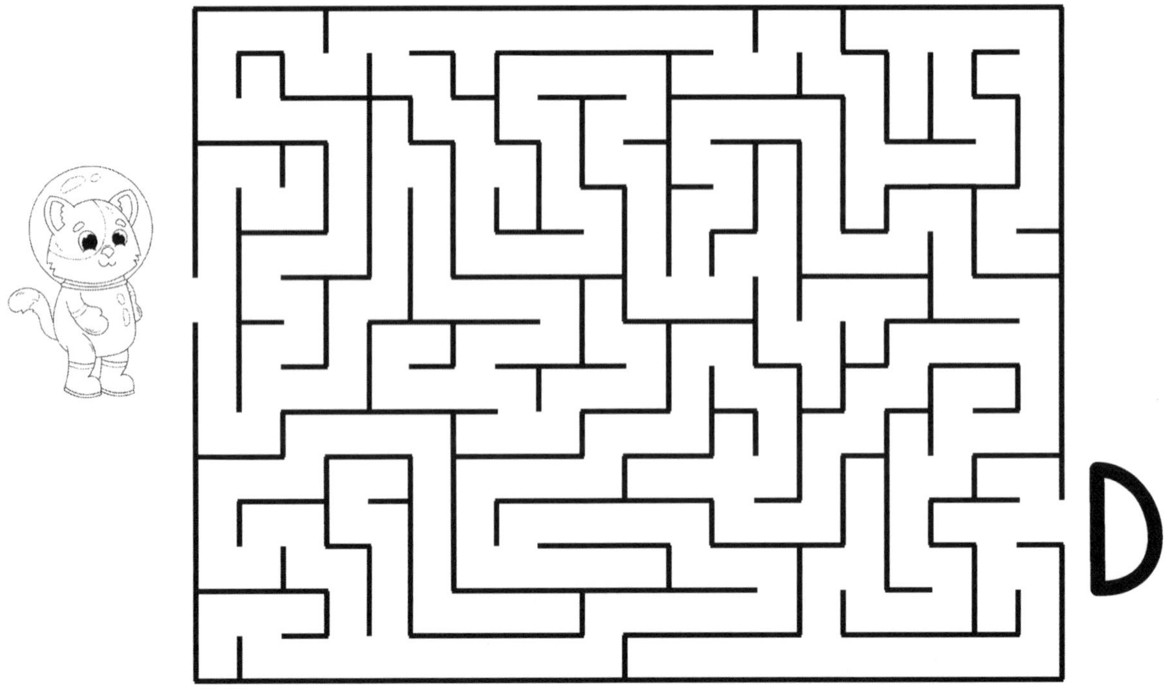

DER BUCHSTABE E

E wie Esel

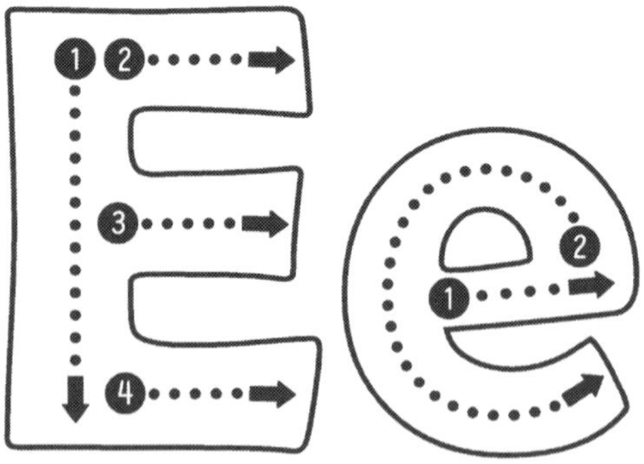

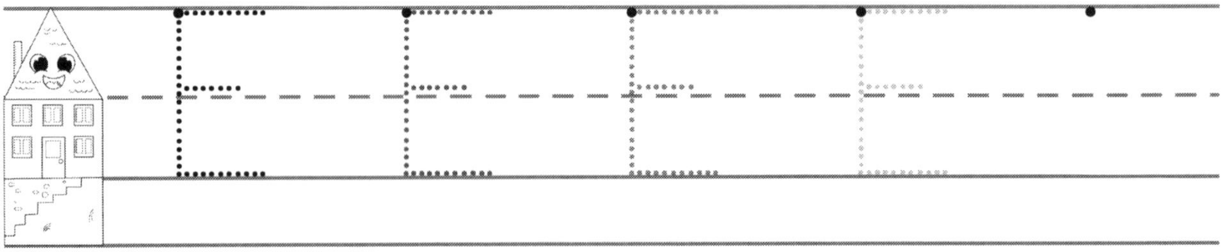

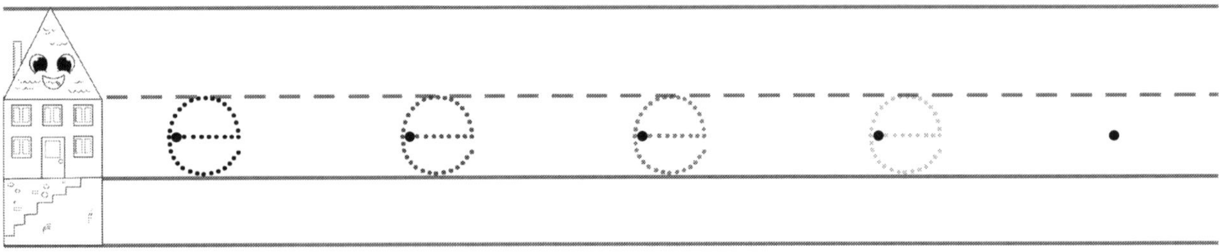

Finde den richtigen Weg zu dem Buchstaben E

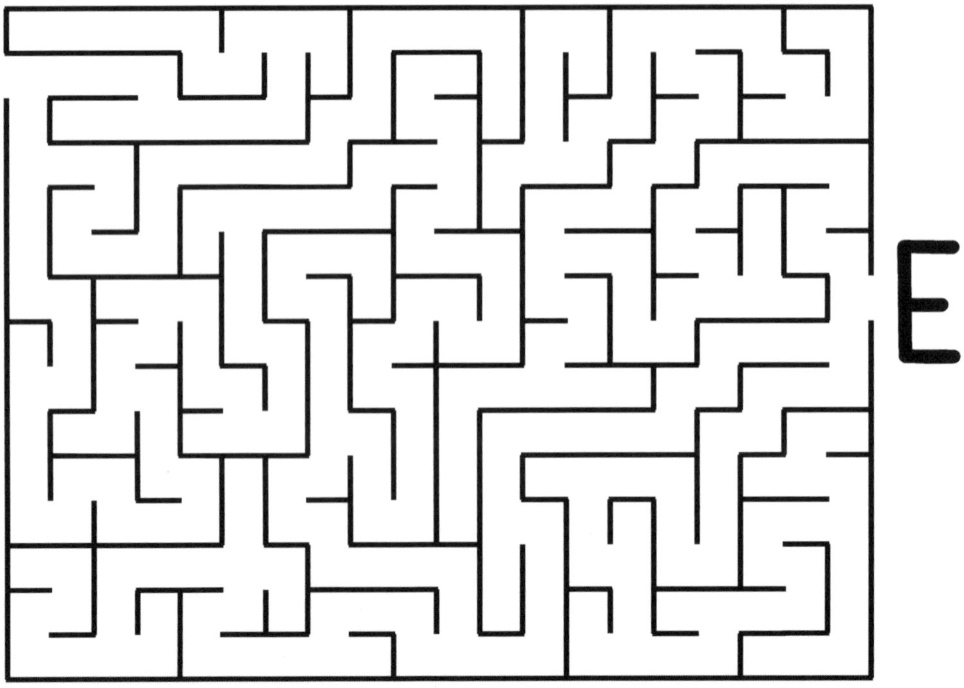

DER BUCHSTABE F

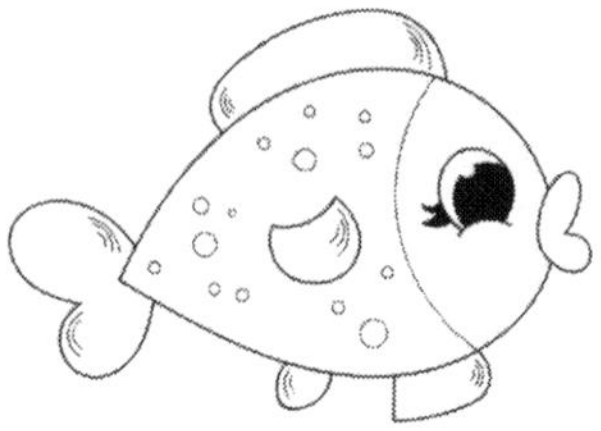

F wie Fisch

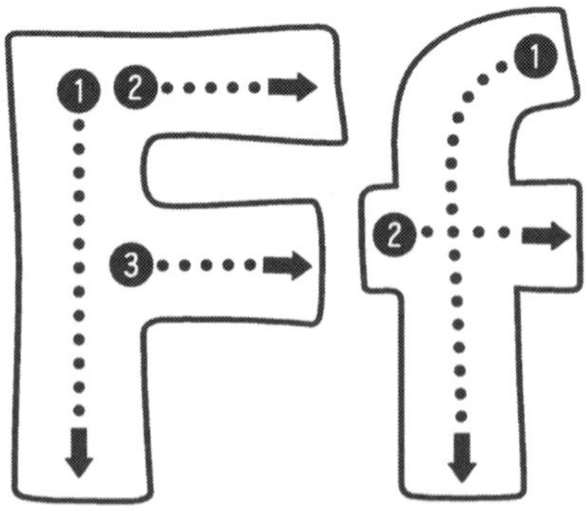

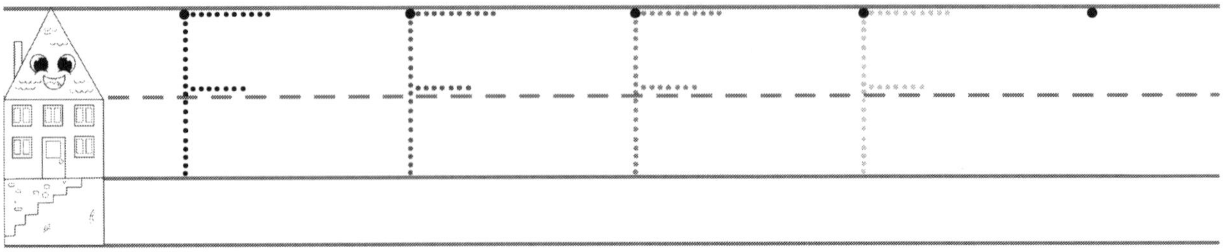

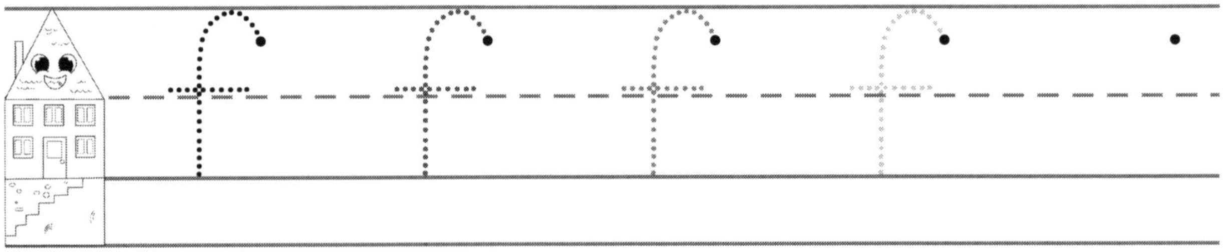

Finde den richtigen Weg zu dem Buchstaben F

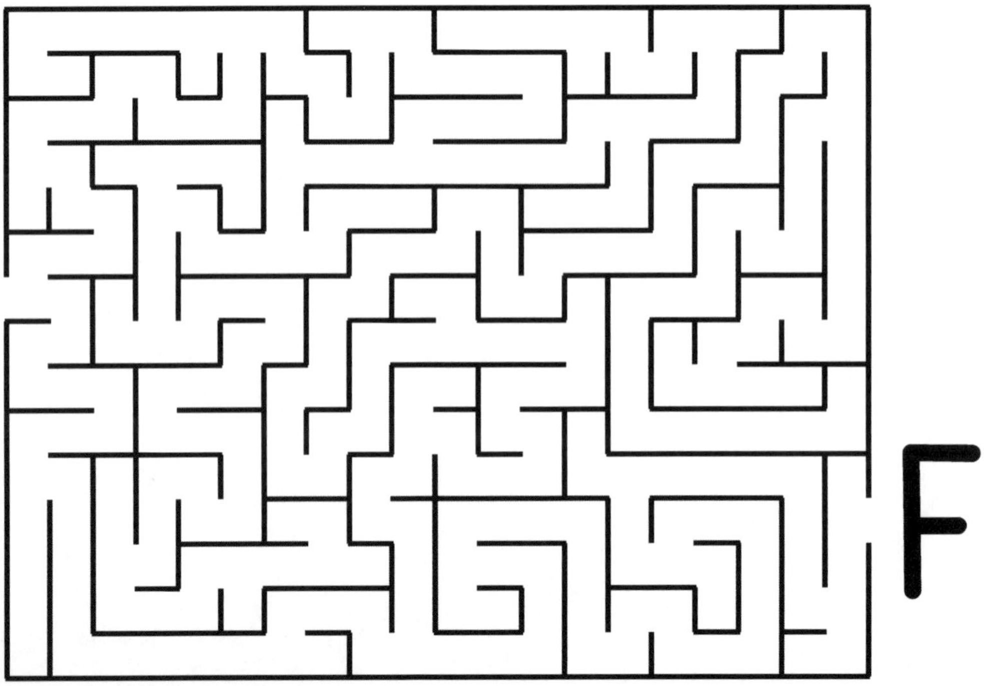

DER BUCHSTABE G

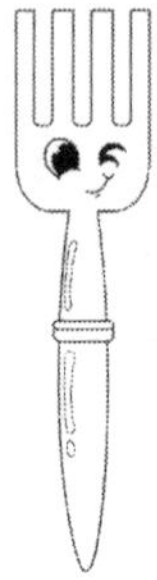

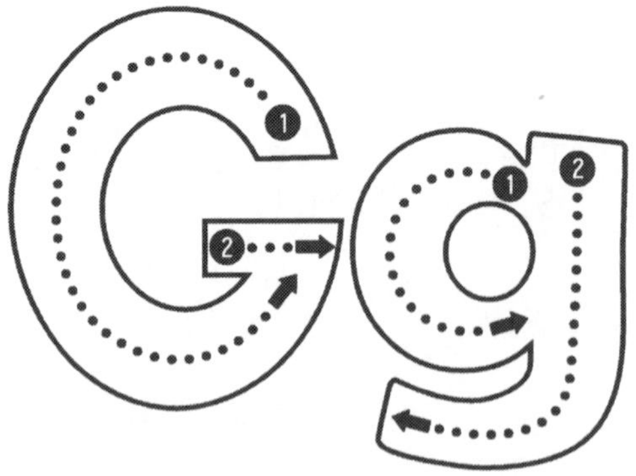

G wie Gabel

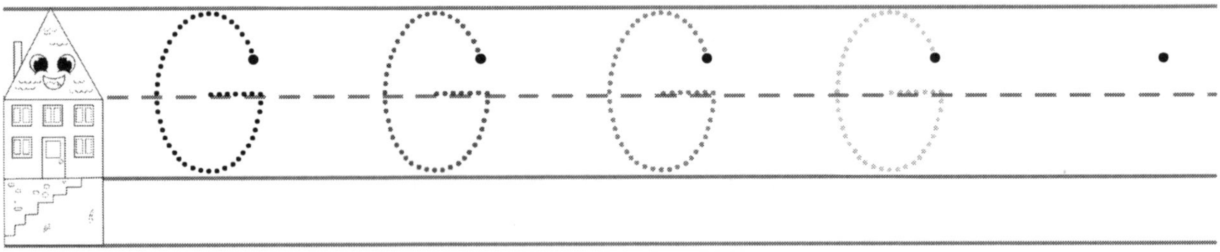

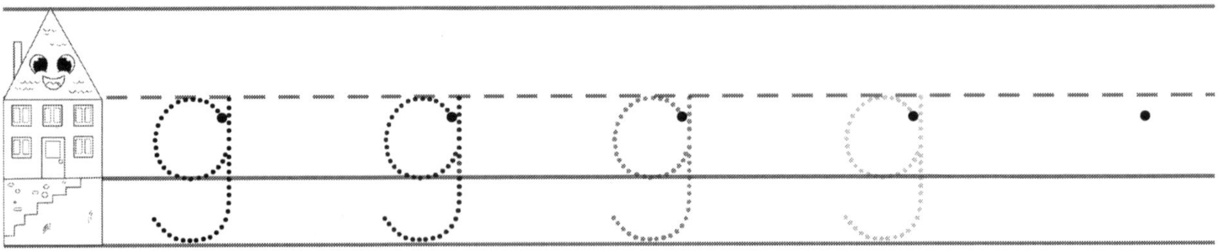

Finde den richtigen Weg zu dem Buchstaben G

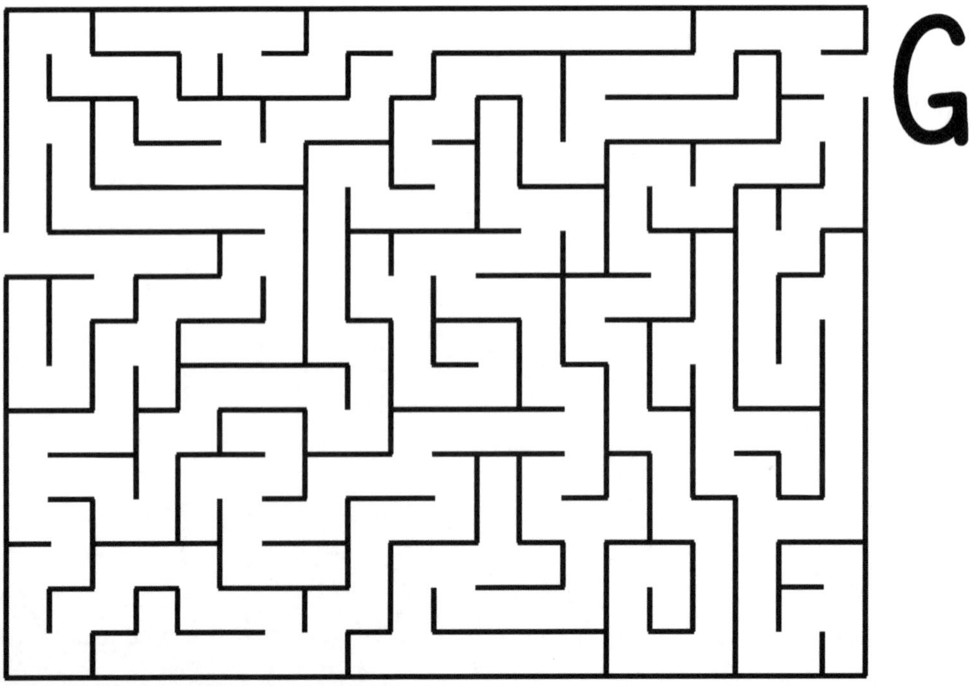

DER BUCHSTABE H

H wie Hund

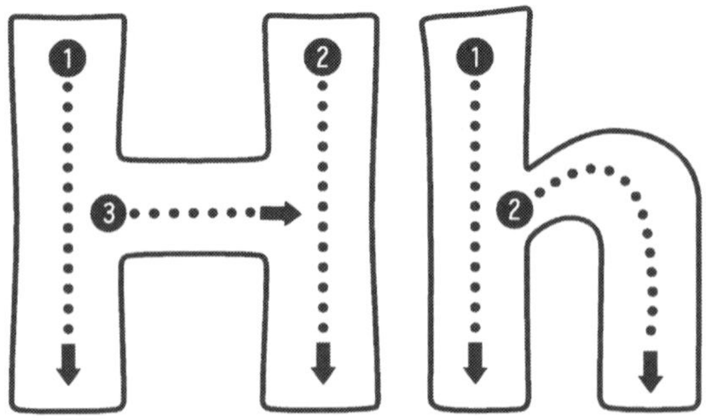

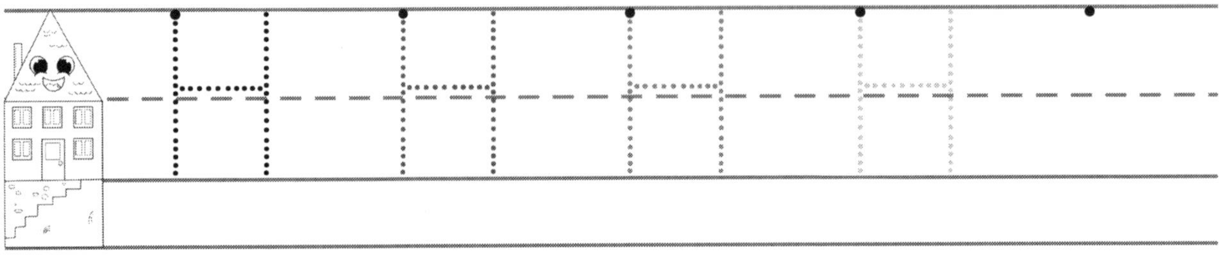

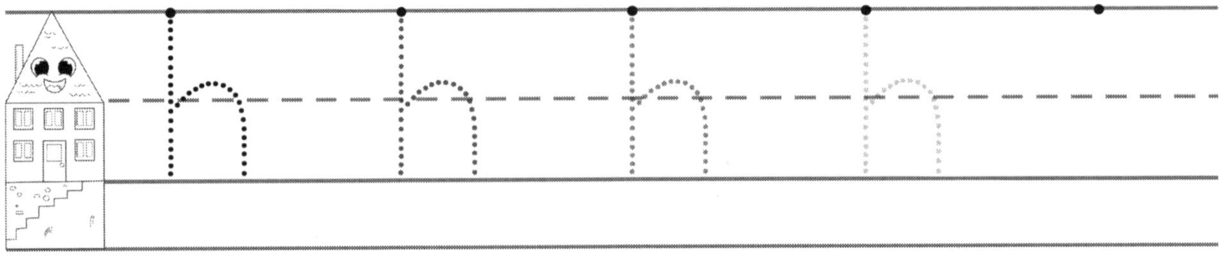

Finde den richtigen Weg zu dem Buchstaben H

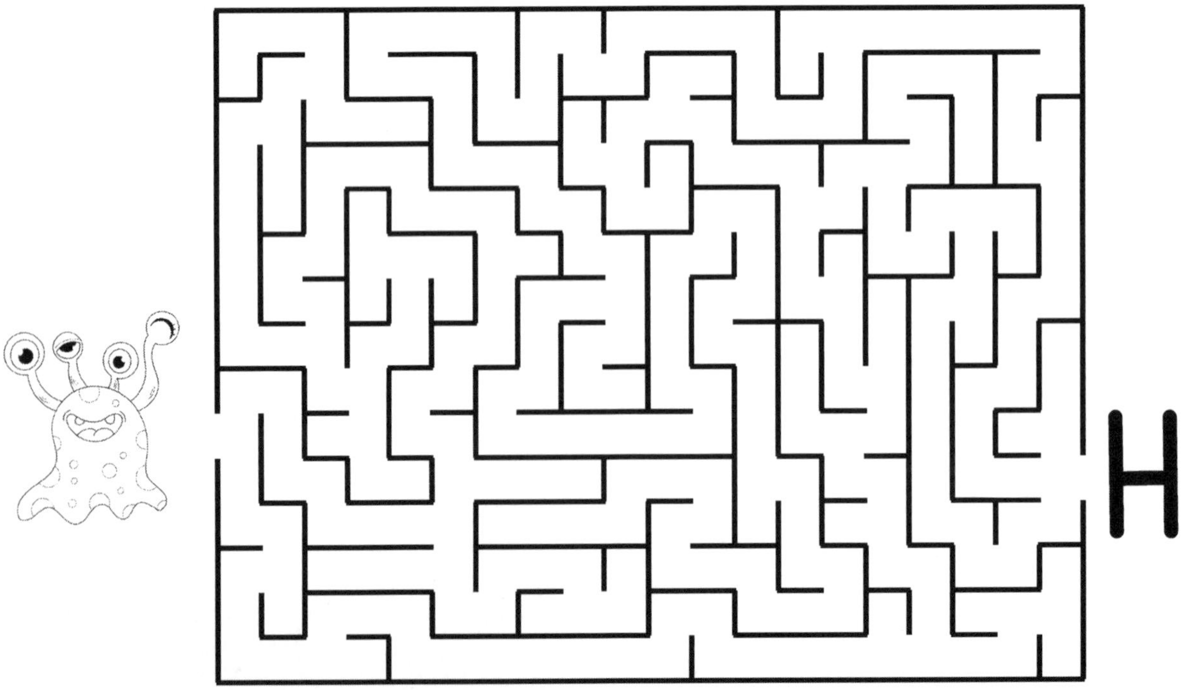

DER BUCHSTABE I

I wie Insel

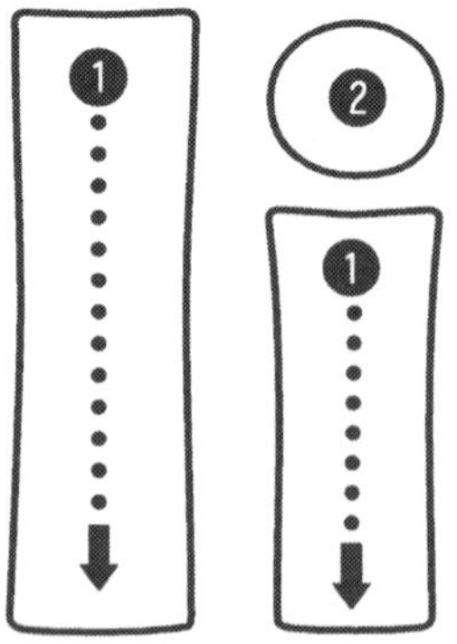

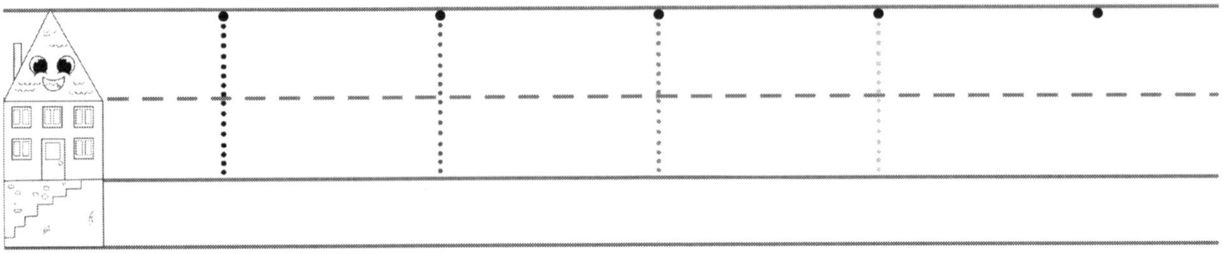

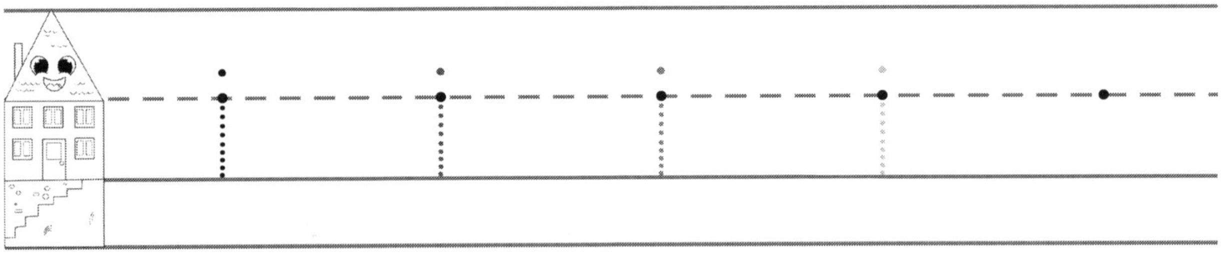

Finde den richtigen Weg zu dem Buchstaben I

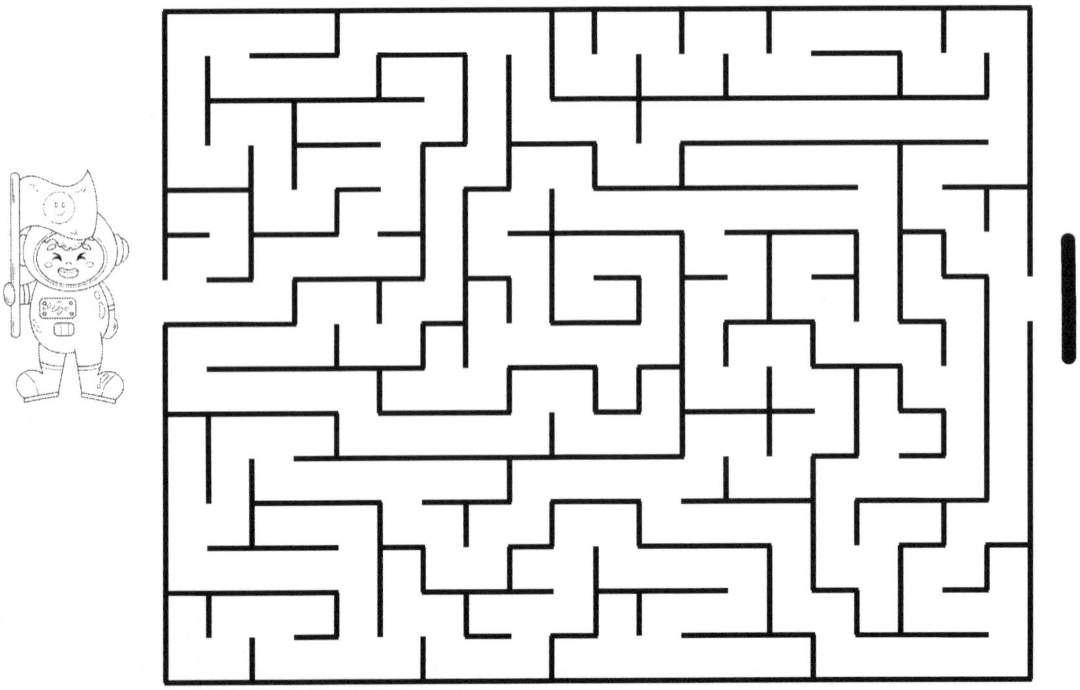

DER BUCHSTABE J

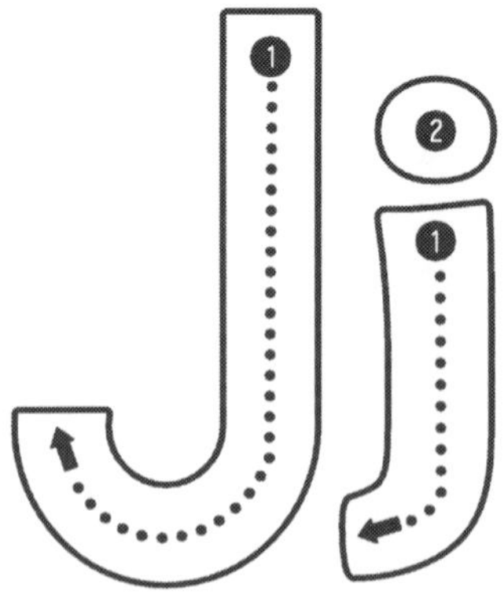

J wie Junge

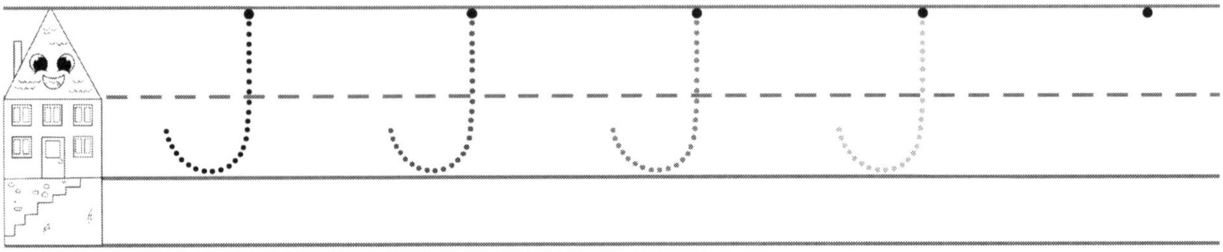

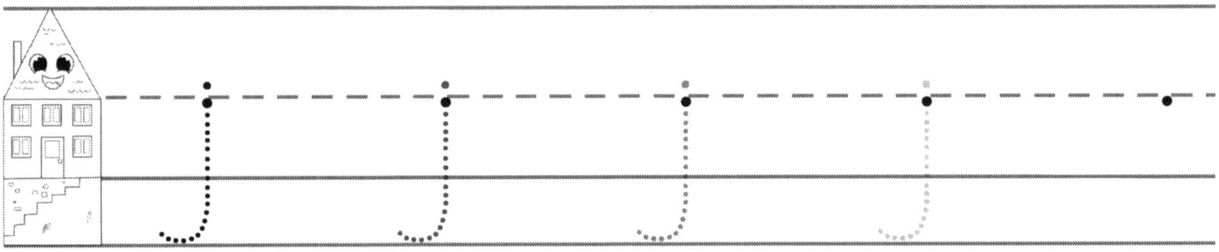

Finde den richtigen Weg zu dem Buchstaben J

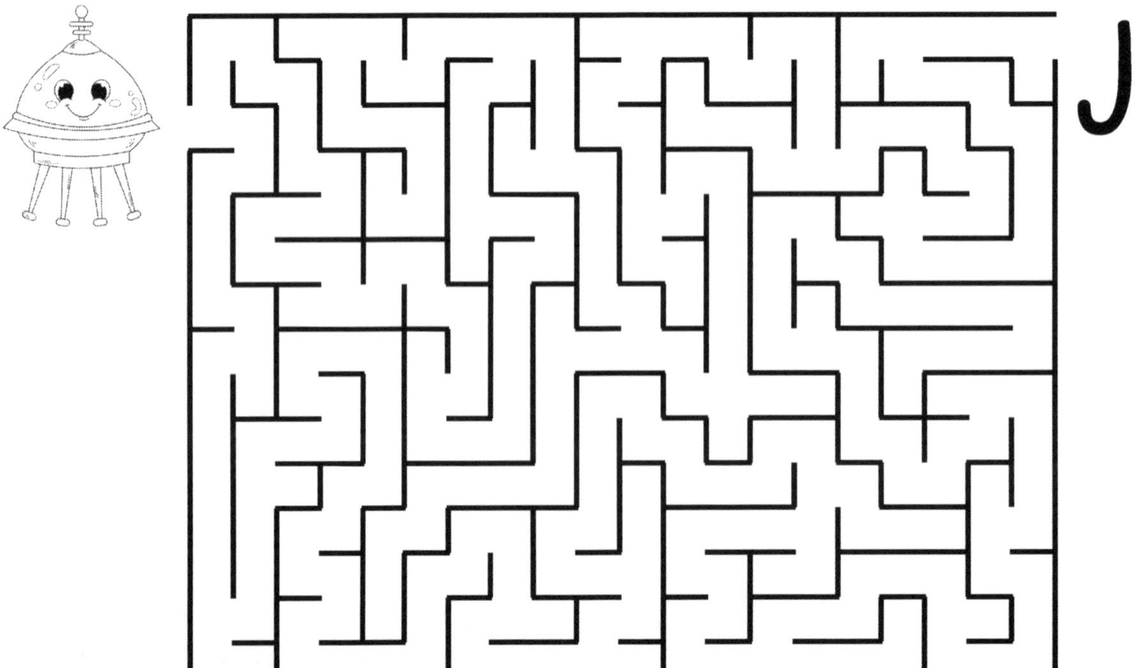

DER BUCHSTABE K

K wie Kran

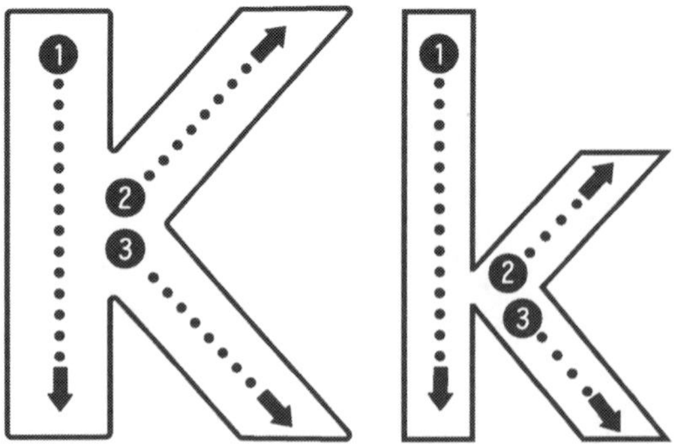

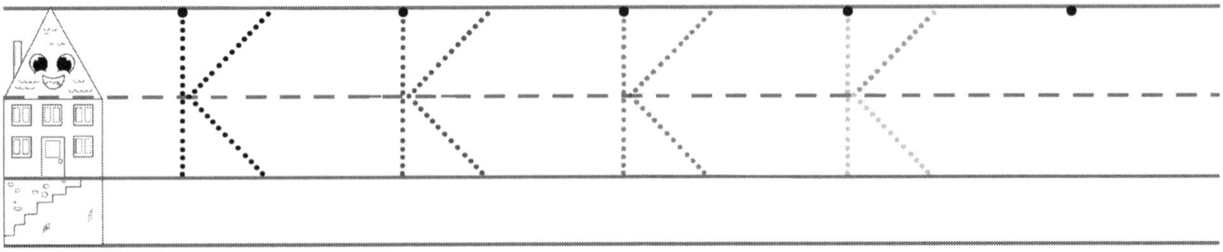

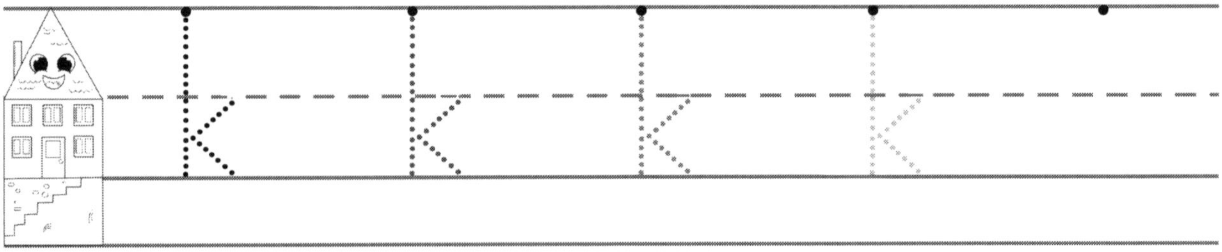

Finde den richtigen Weg zu dem Buchstaben K

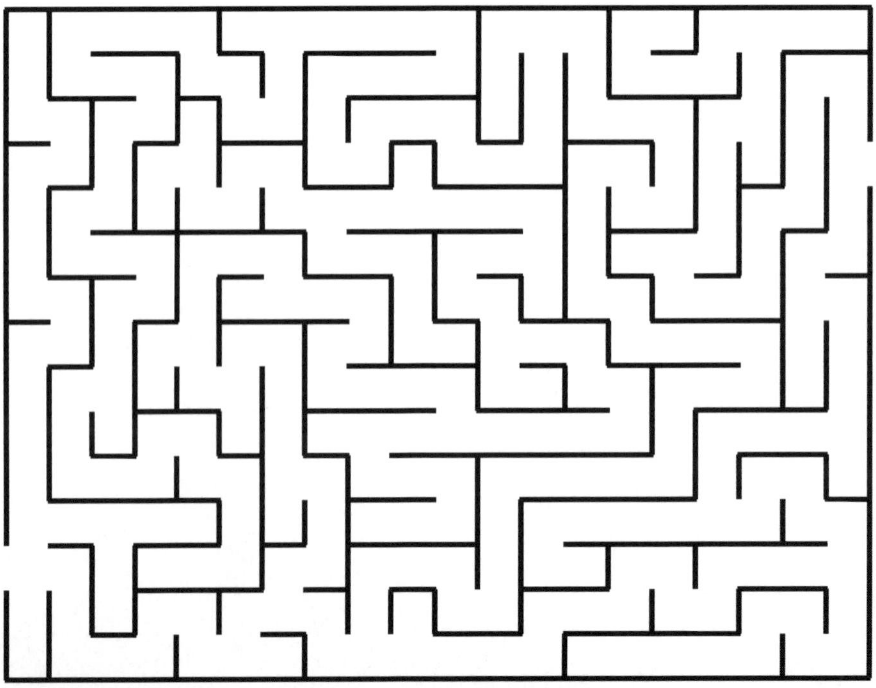

K

DER BUCHSTABE L

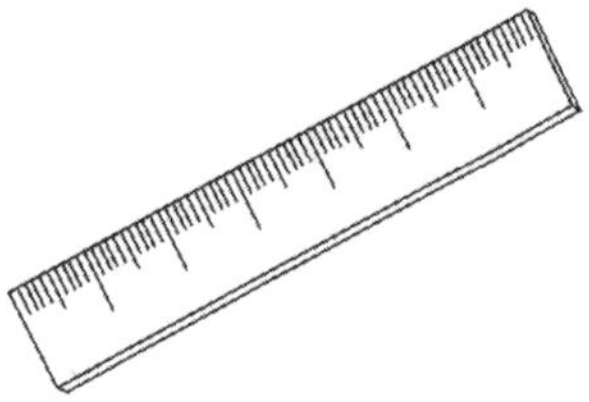

L wie Lineal

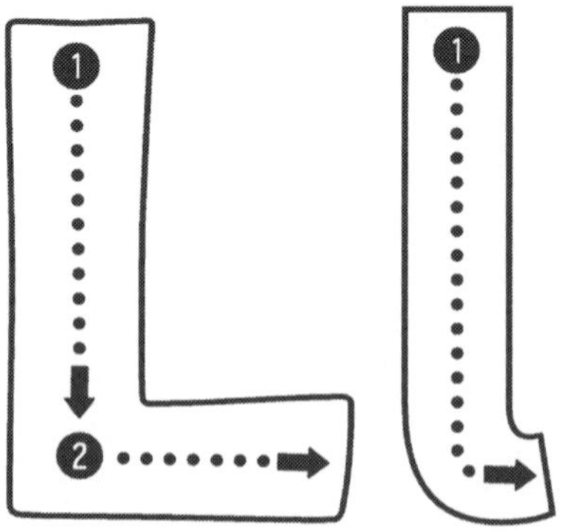

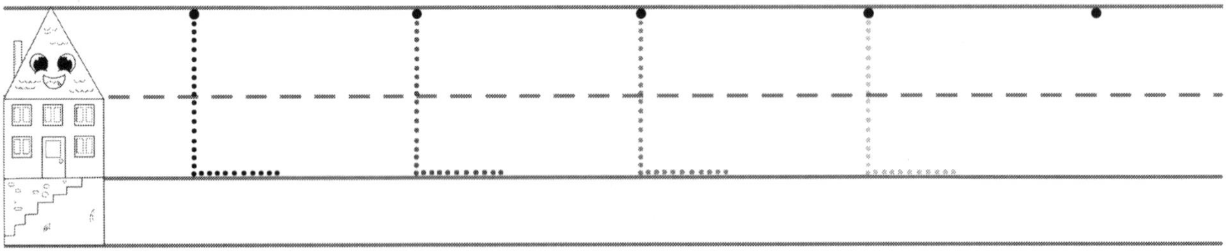

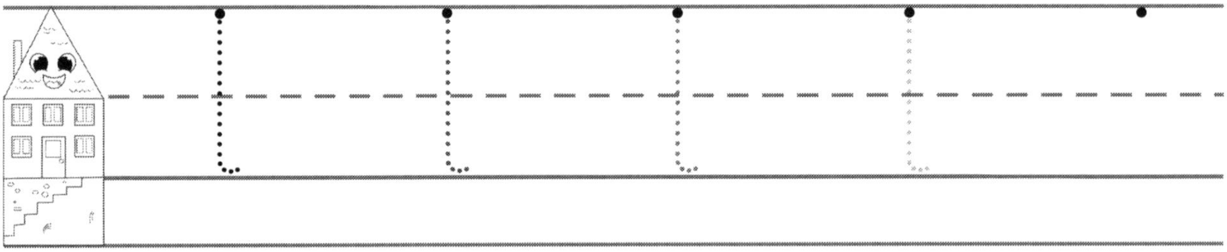

Finde den richtigen Weg zu dem Buchstaben L

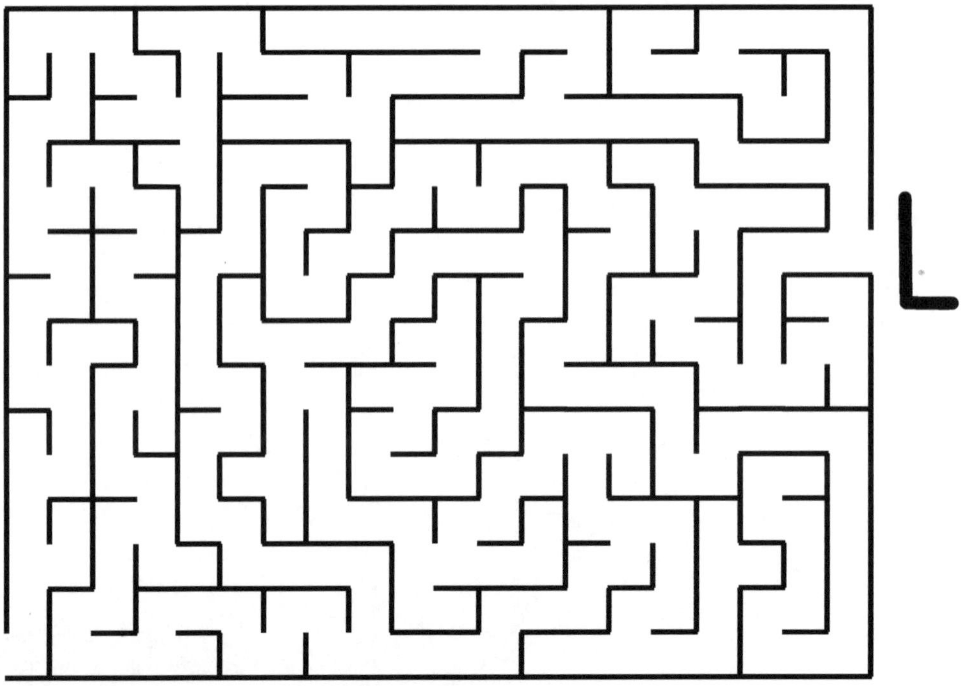

DER BUCHSTABE M

M wie Mücke

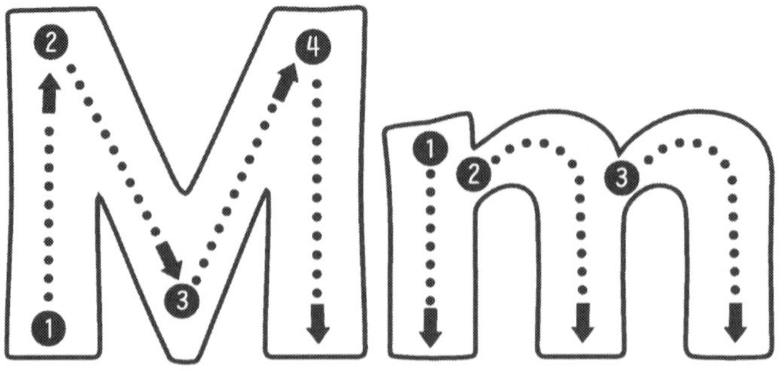

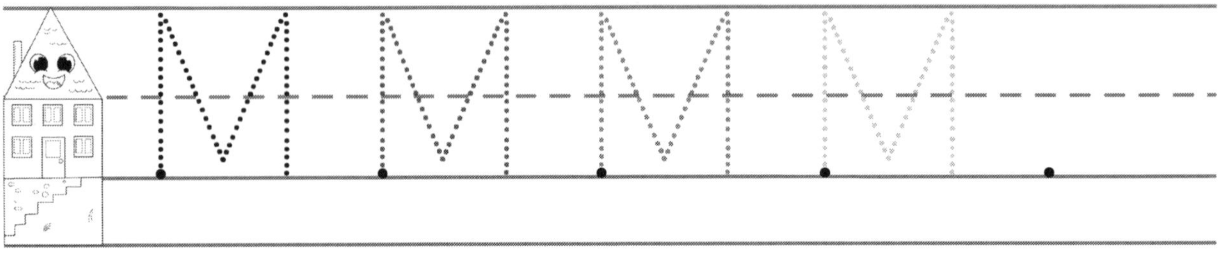

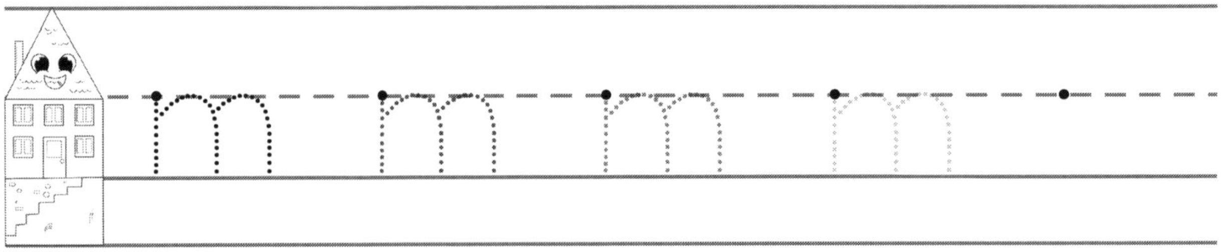

Finde den richtigen Weg zu dem Buchstaben M

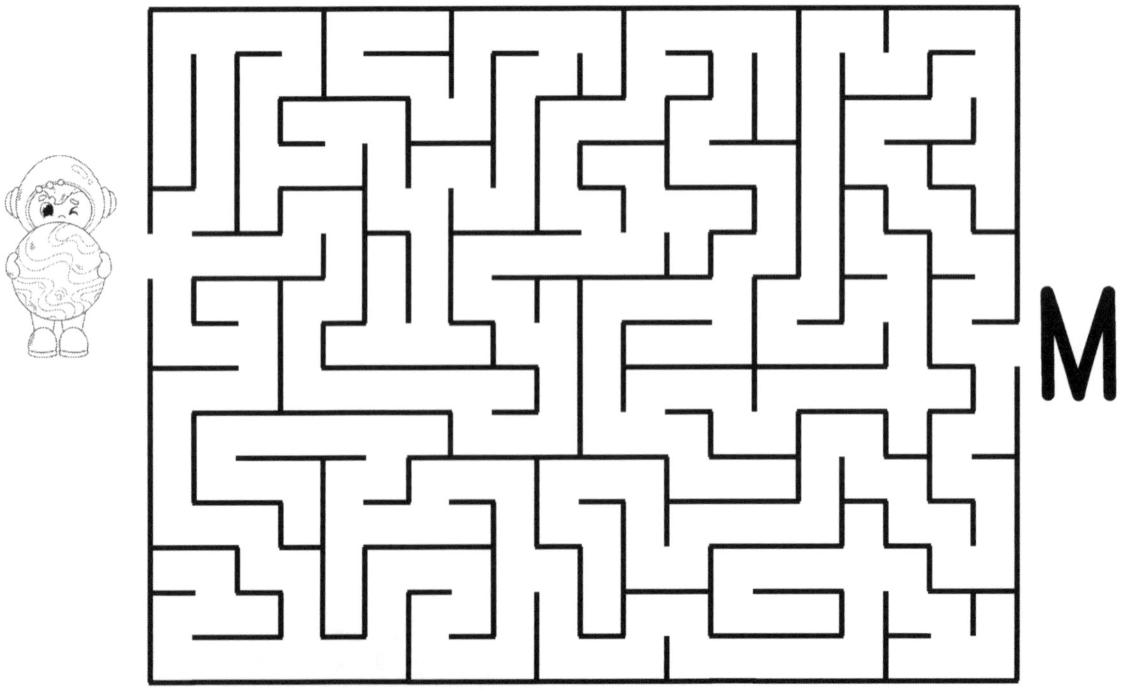

DER BUCHSTABE N

N wie Nilpferd

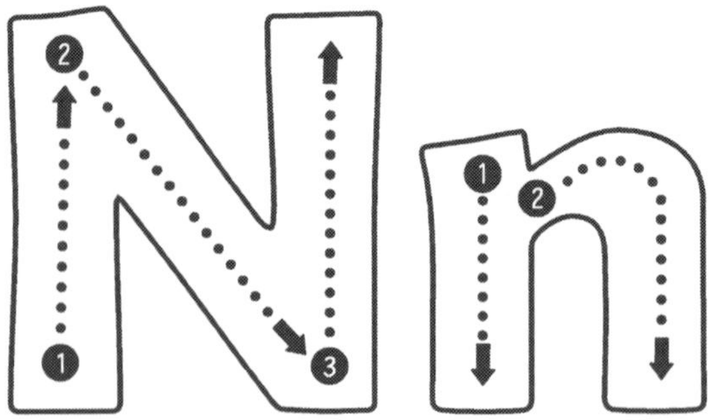

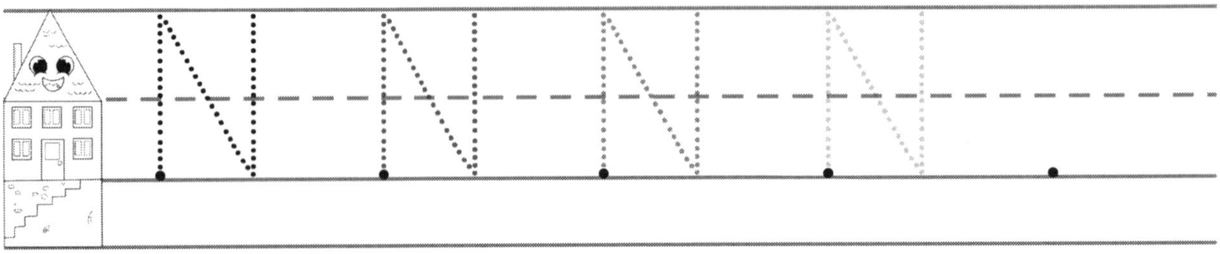

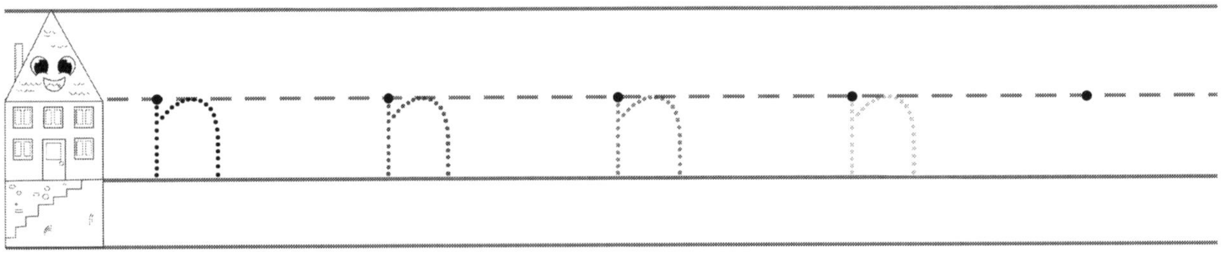

Finde den richtigen Weg zu dem Buchstaben N

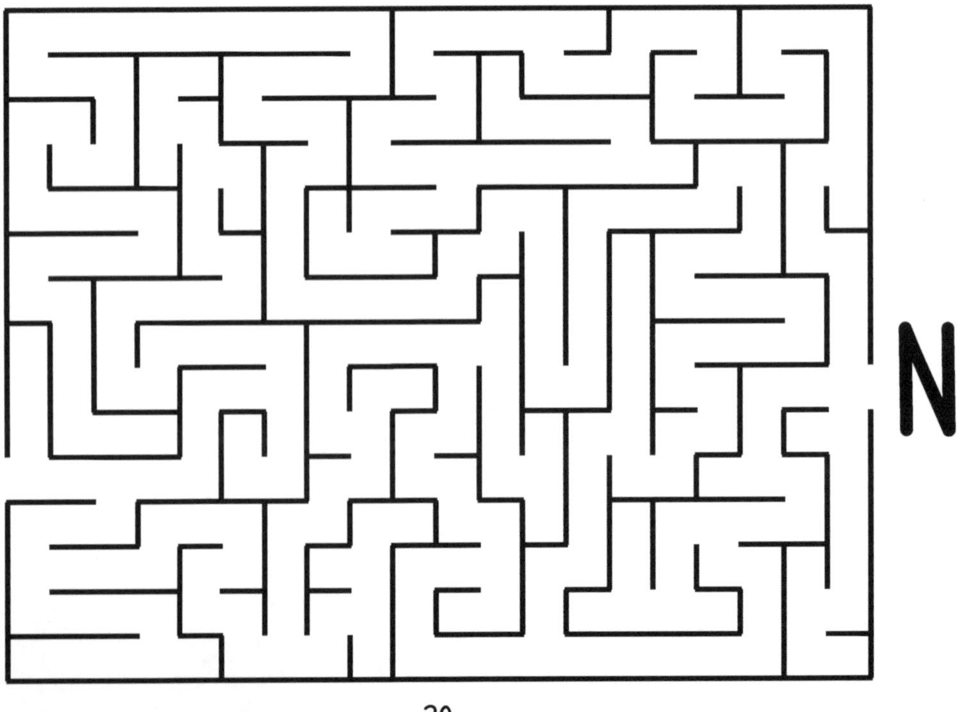

DER BUCHSTABE O

O wie Oma

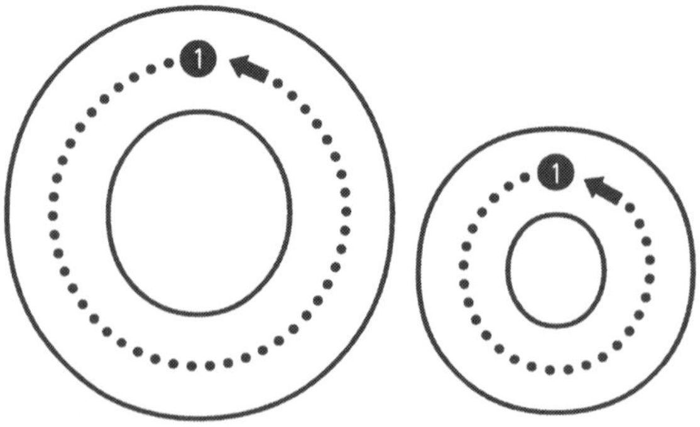

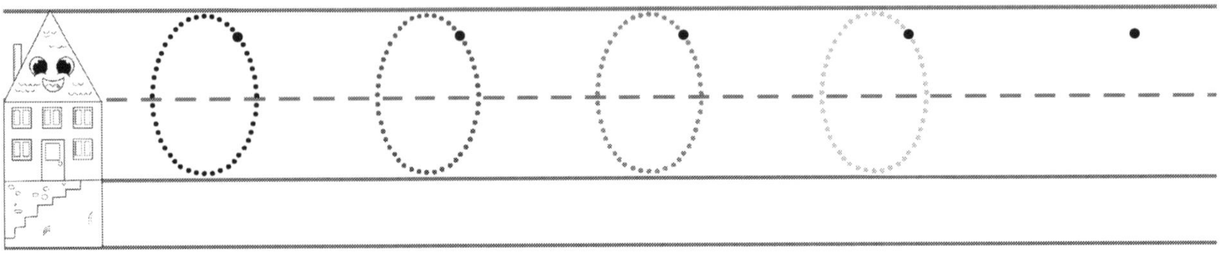

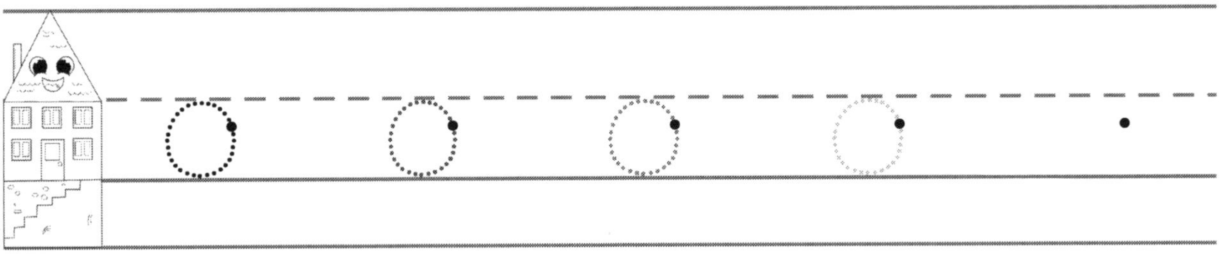

Finde den richtigen Weg zu dem Buchstaben O

DER BUCHSTABE P

P wie Pyramide

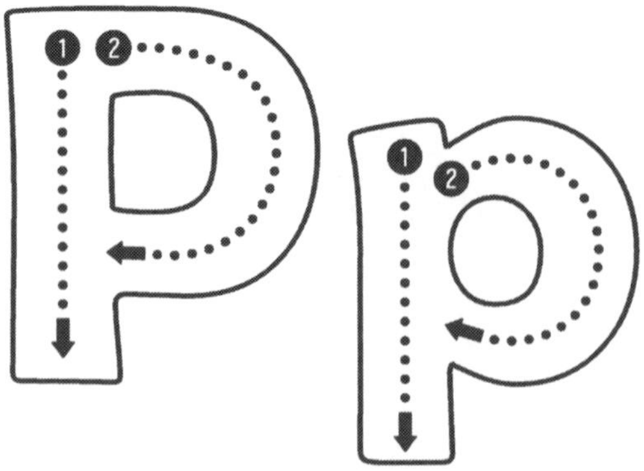

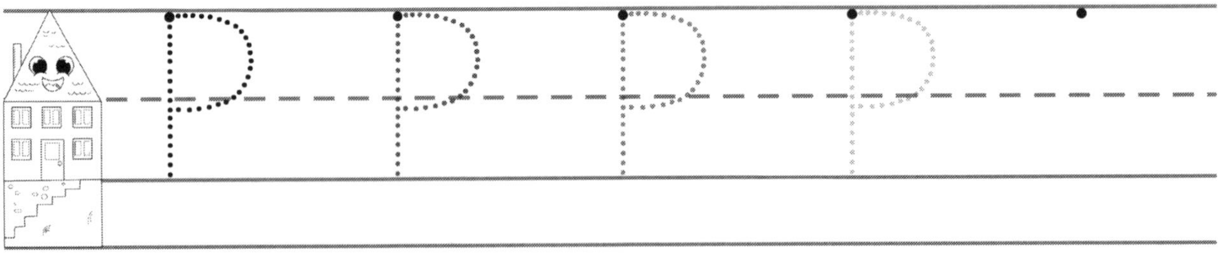

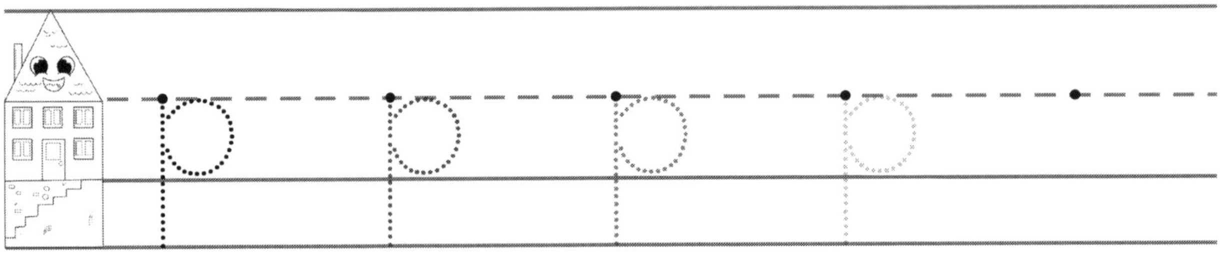

Finde den richtigen Weg zu dem Buchstaben P

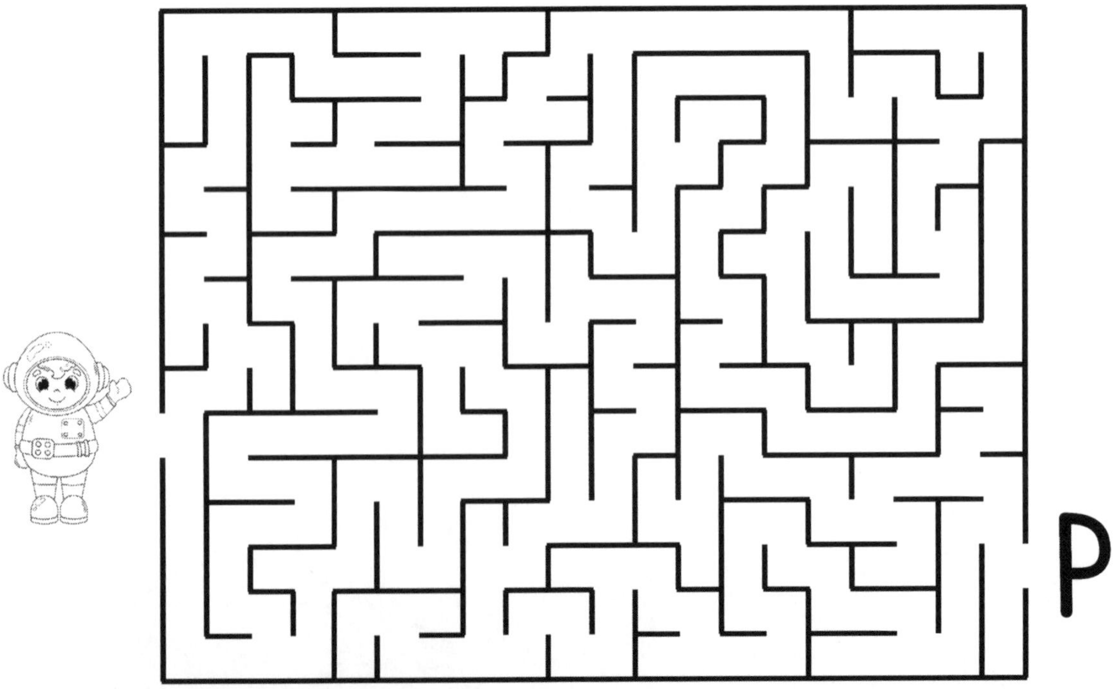

DER BUCHSTABE Q

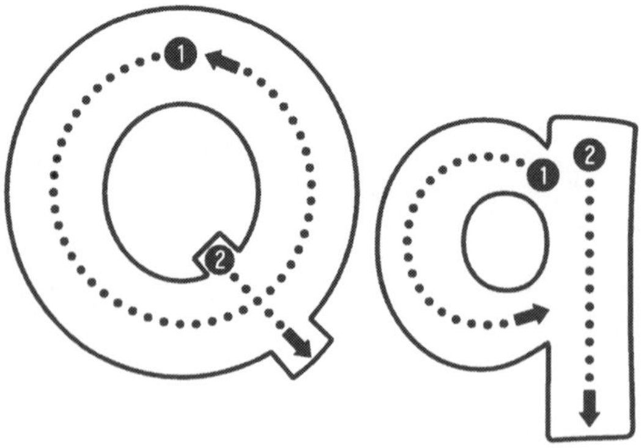

Q wie Qualle

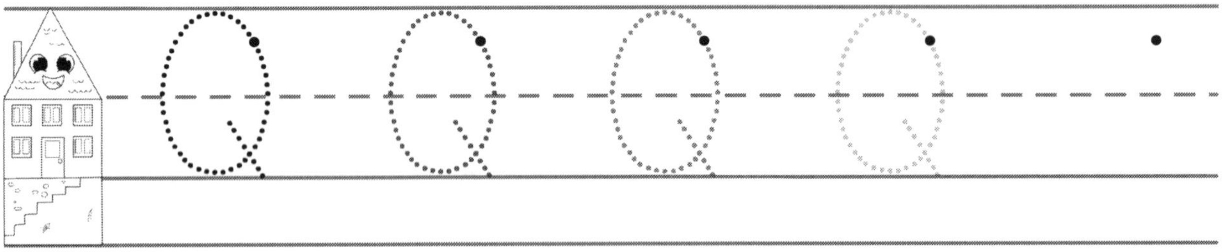

Finde den richtigen Weg zu dem Buchstaben Q

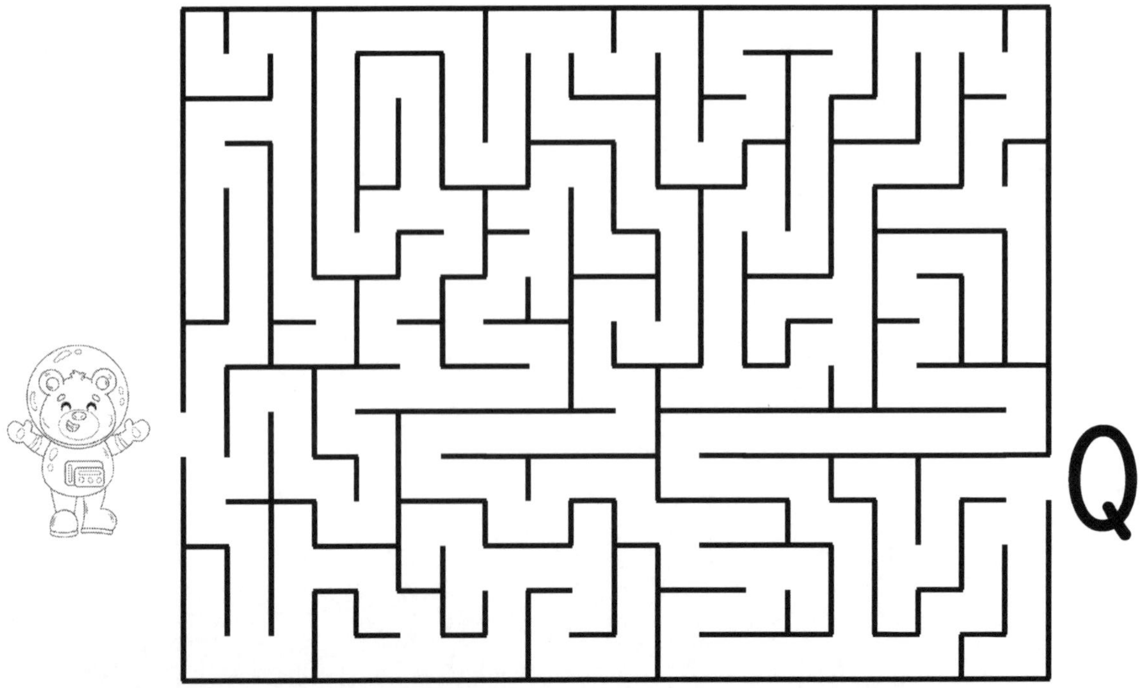

DER BUCHSTABE R

R wie Roboter

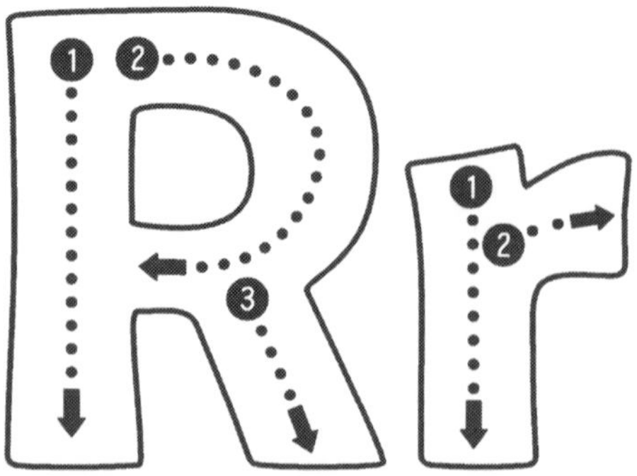

Finde den richtigen Weg zu dem Buchstaben R

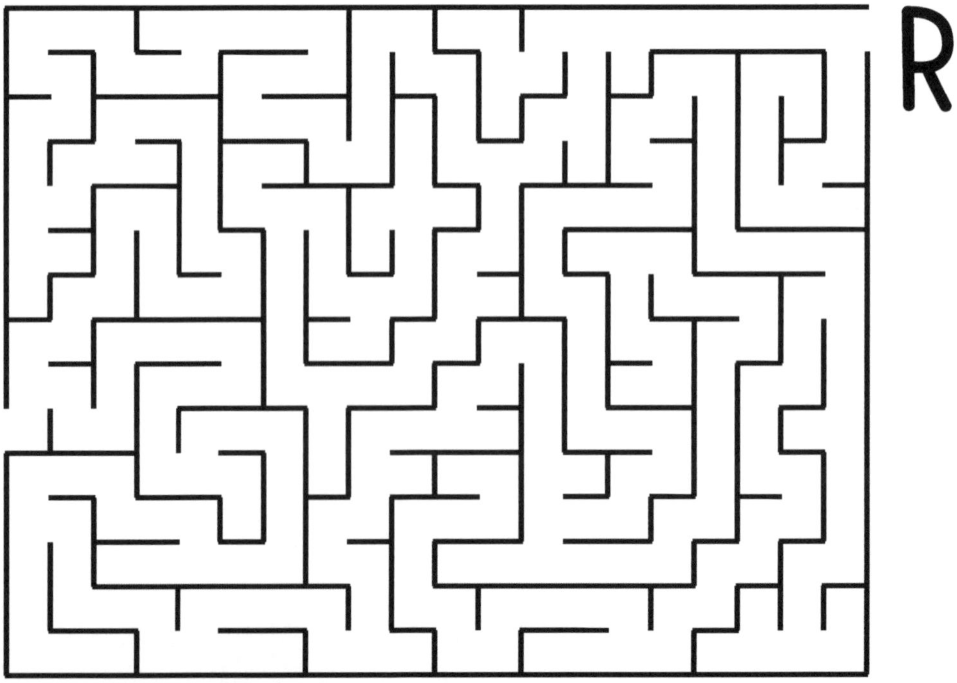

R
R
R
R
R

DER BUCHSTABE S

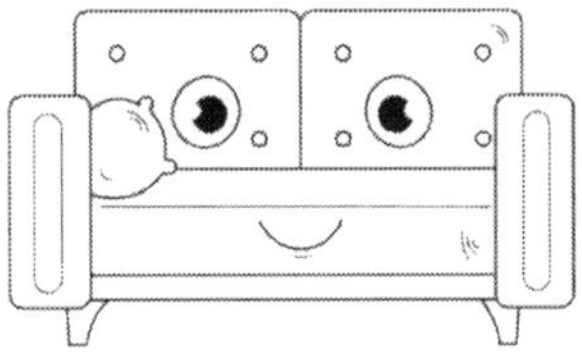

S wie Sofa

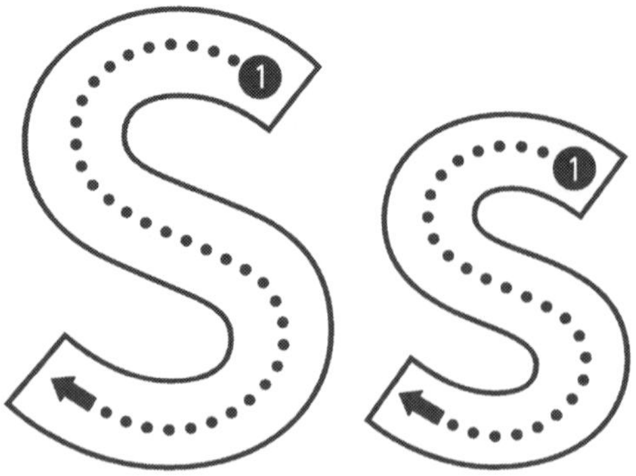

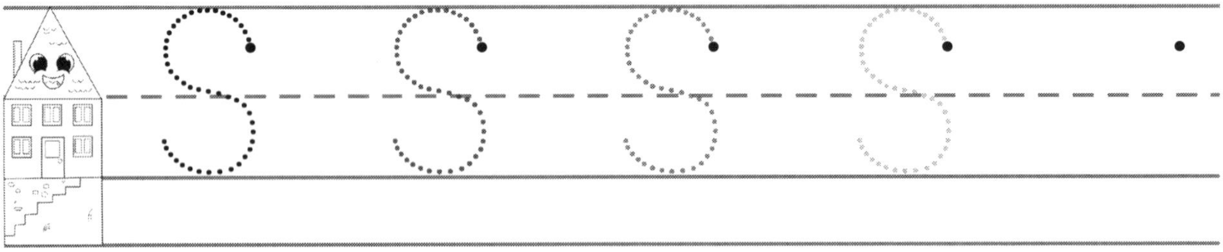

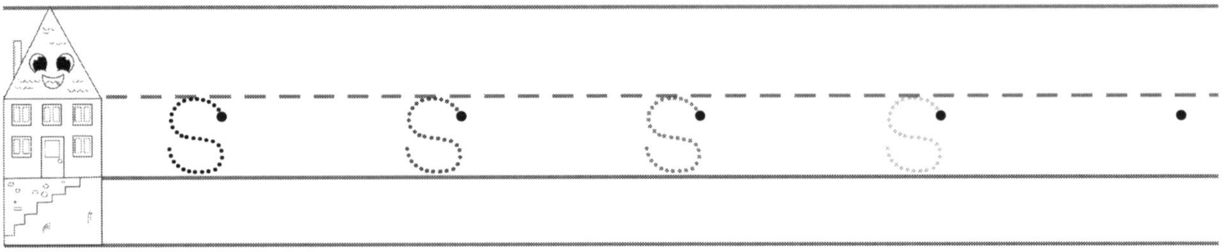

Finde den richtigen Weg zu dem Buchstaben S

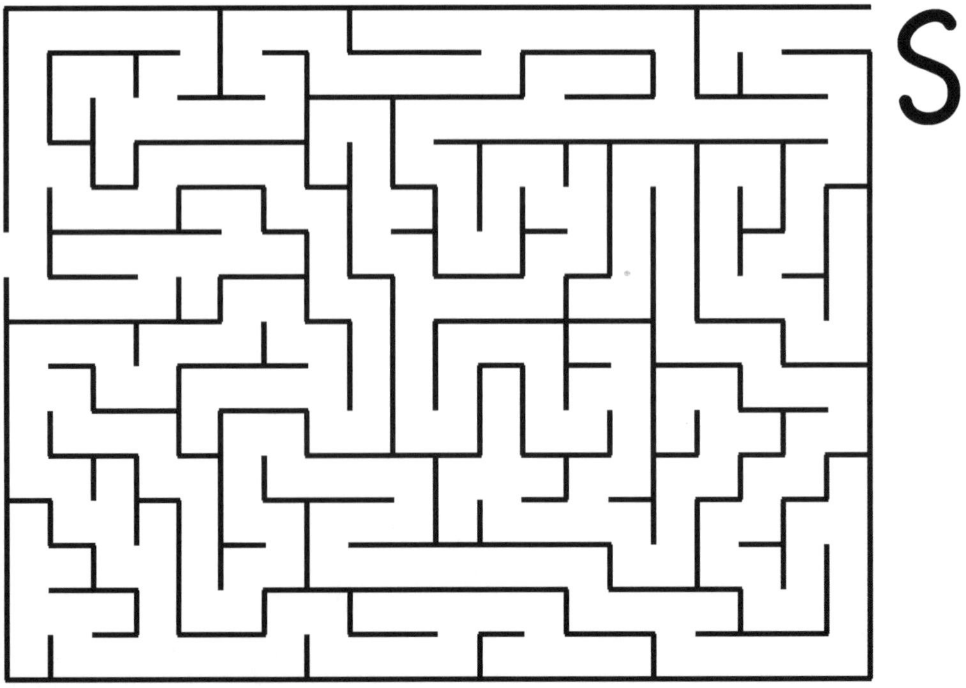

DER BUCHSTABE T

T wie Tiger

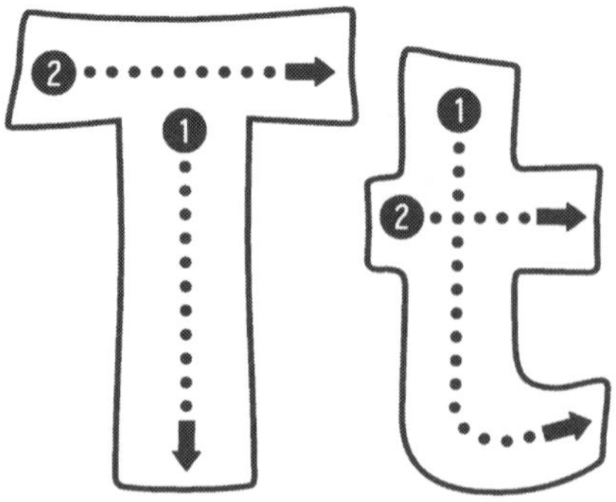

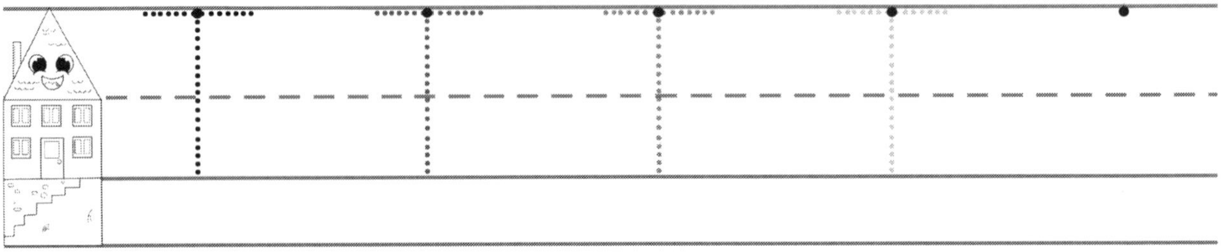

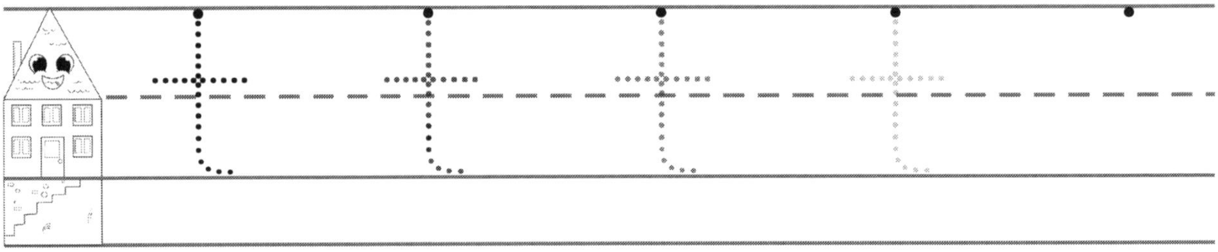

Finde den richtigen Weg zu dem Buchstaben T

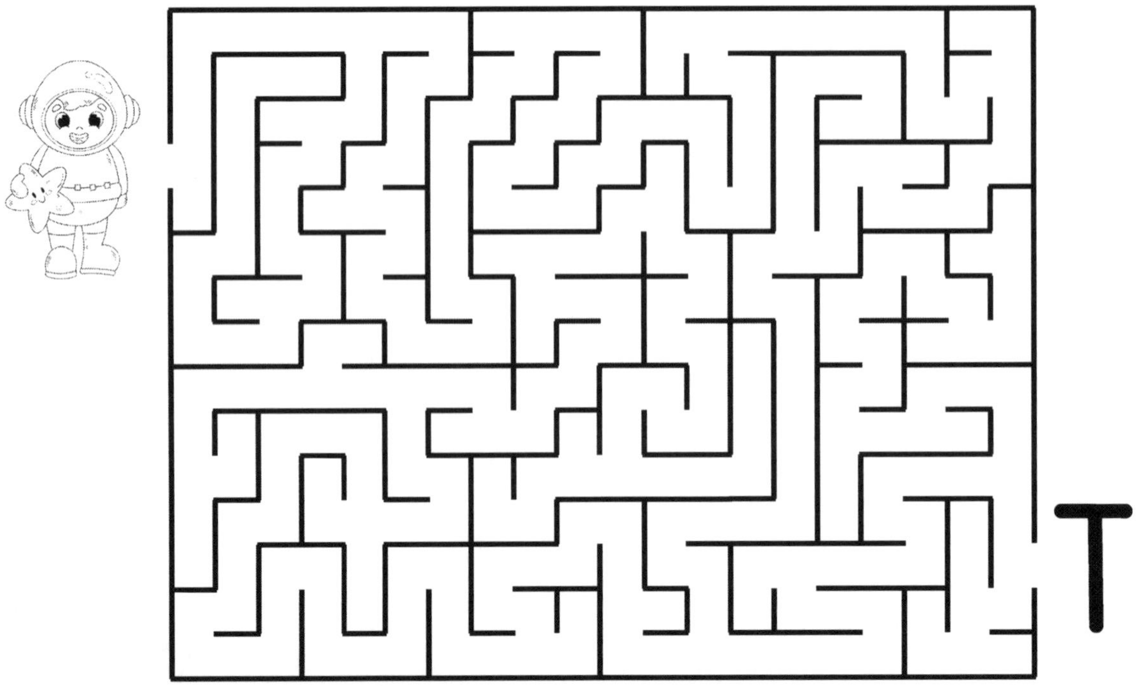

DER BUCHSTABE U

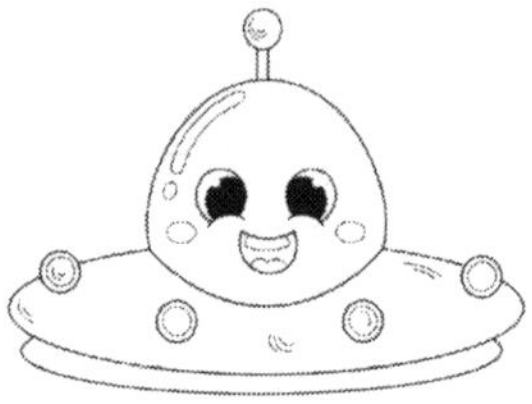

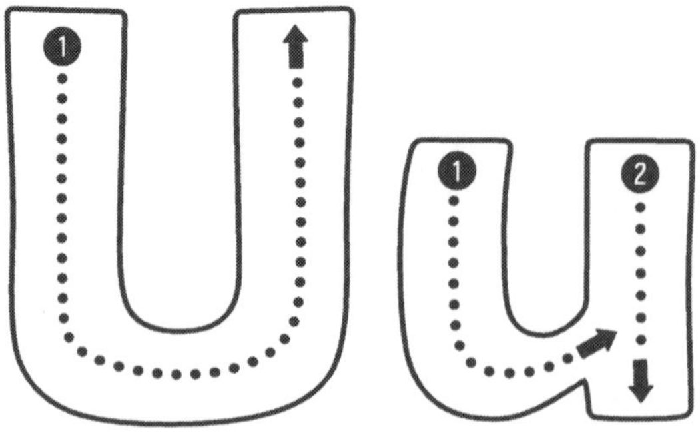

U wie Ufo

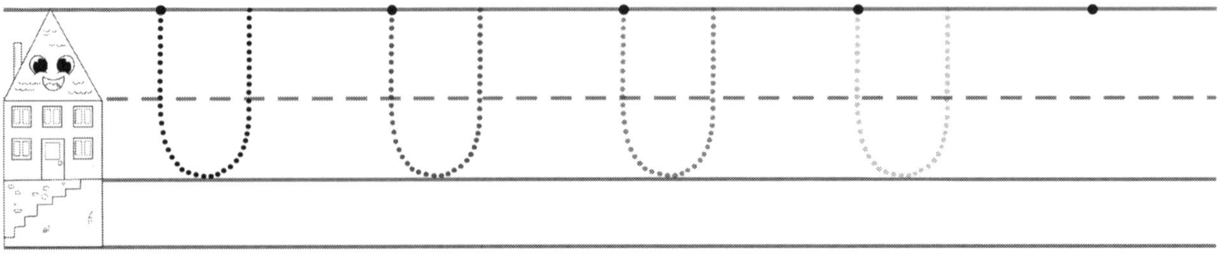

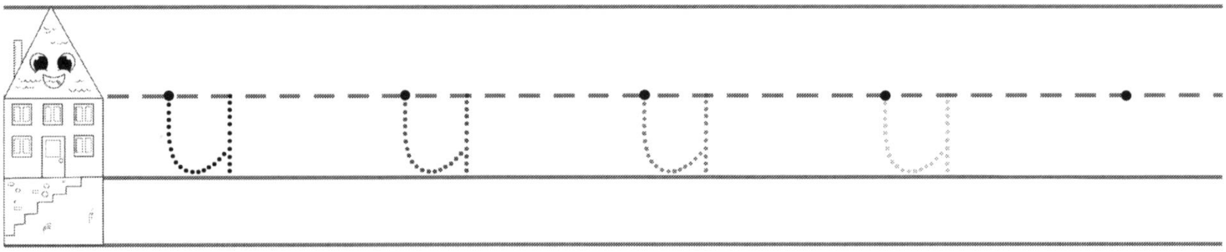

Finde den richtigen Weg zu dem Buchstaben U

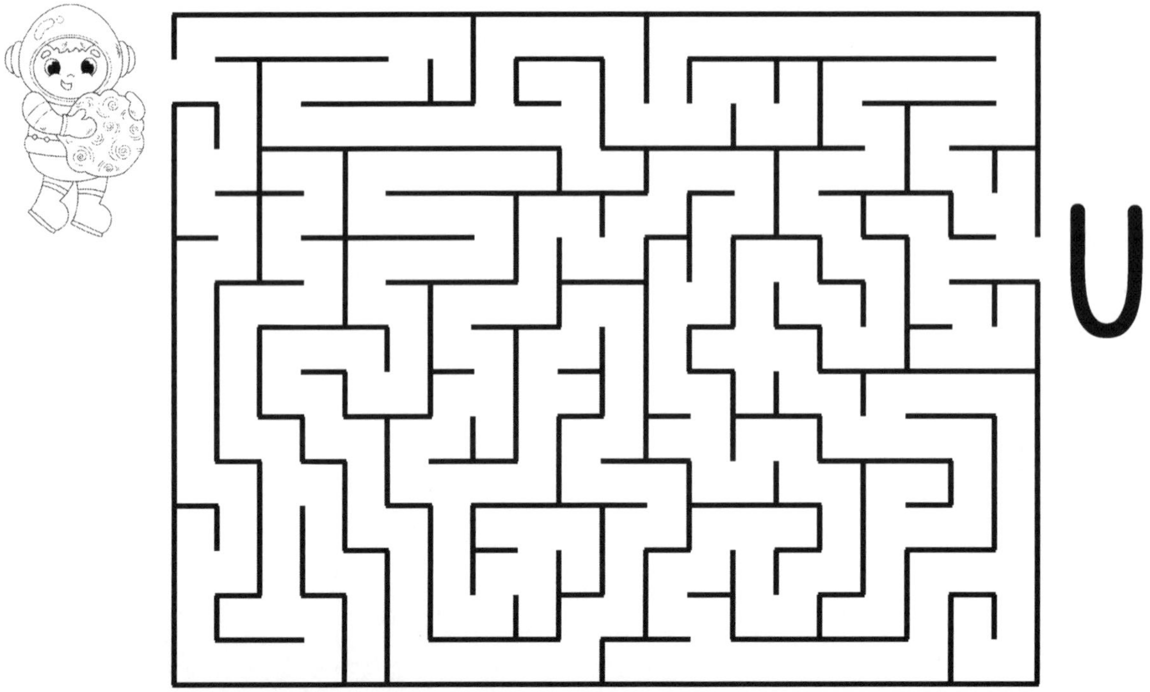

DER BUCHSTABE V

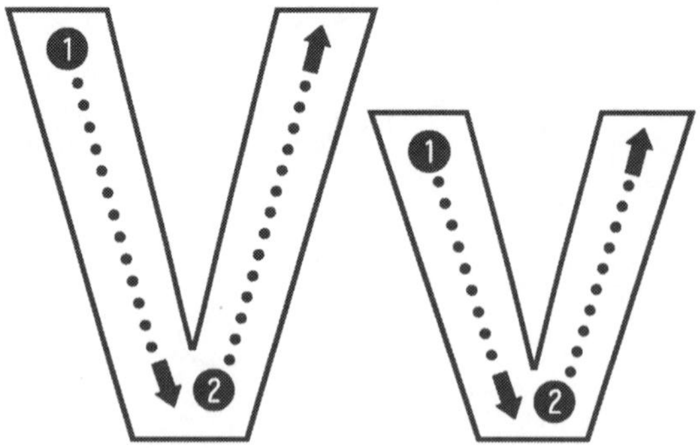

V wie Vogel

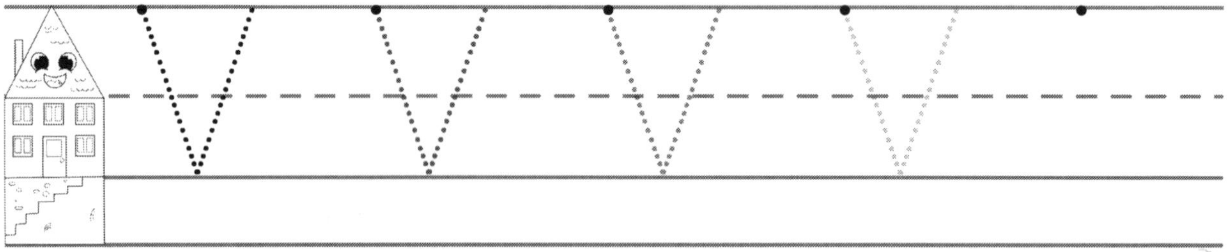

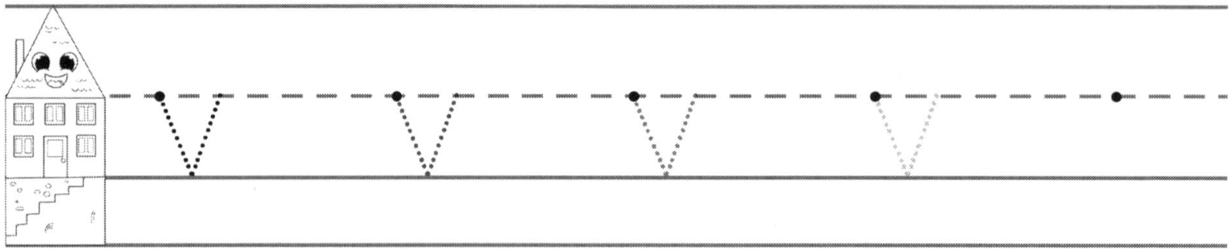

Finde den richtigen Weg zu dem Buchstaben V

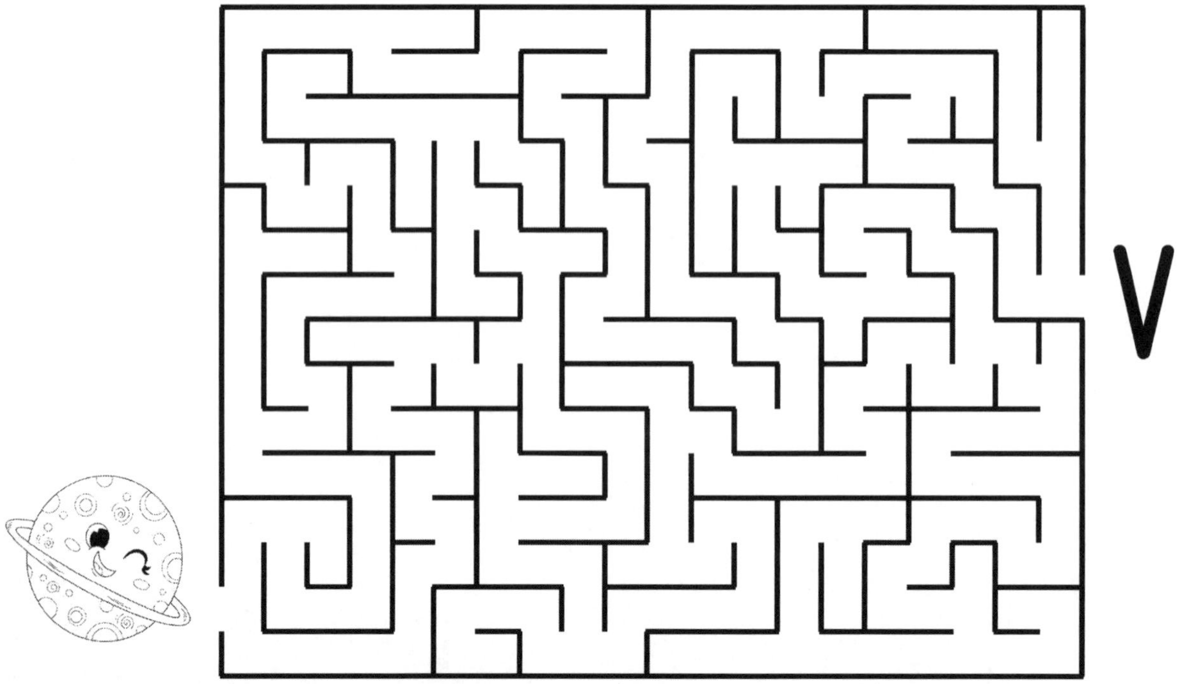

DER BUCHSTABE W

W wie Wecker

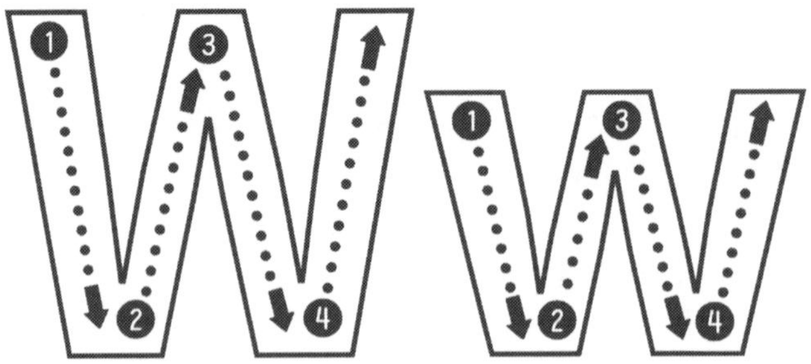

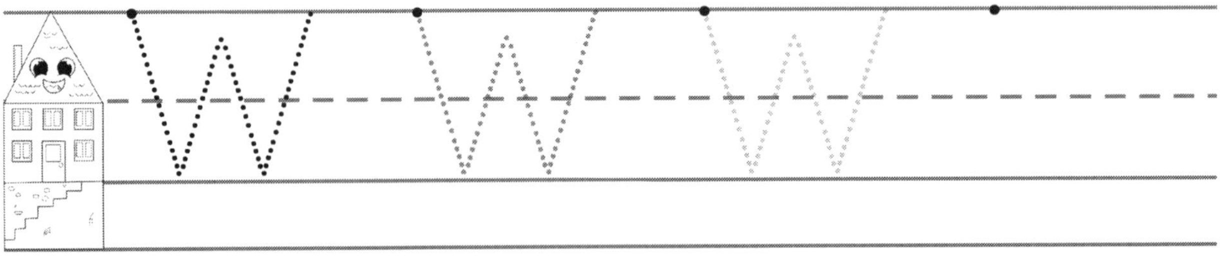

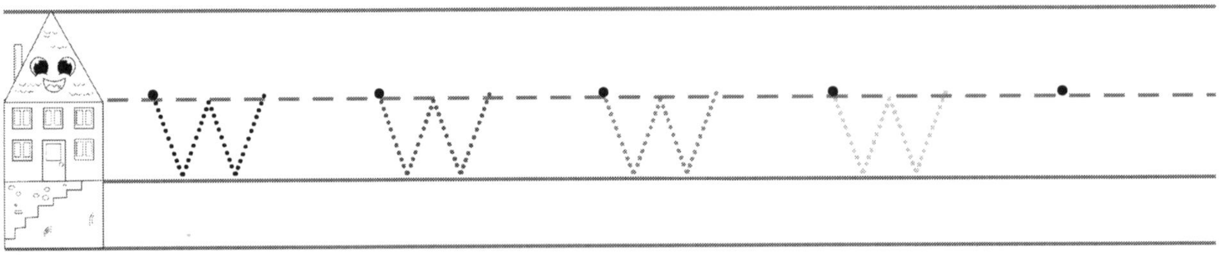

Finde den richtigen Weg zu dem Buchstaben W

W

DER BUCHSTABE X

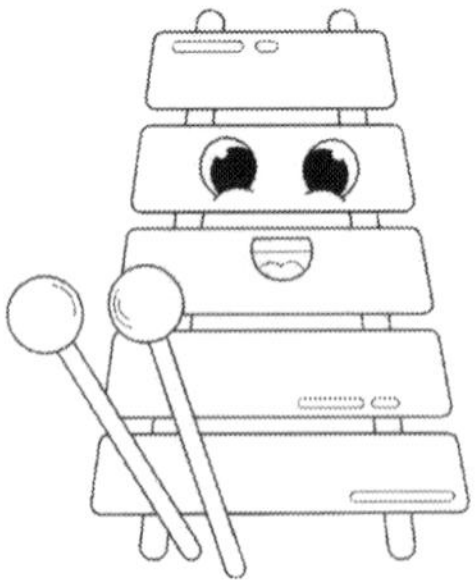

X wie Xylofon

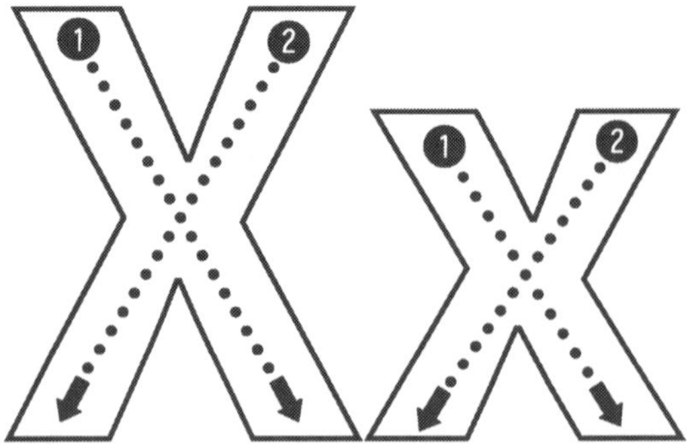

Finde den richtigen Weg zu dem Buchstaben X

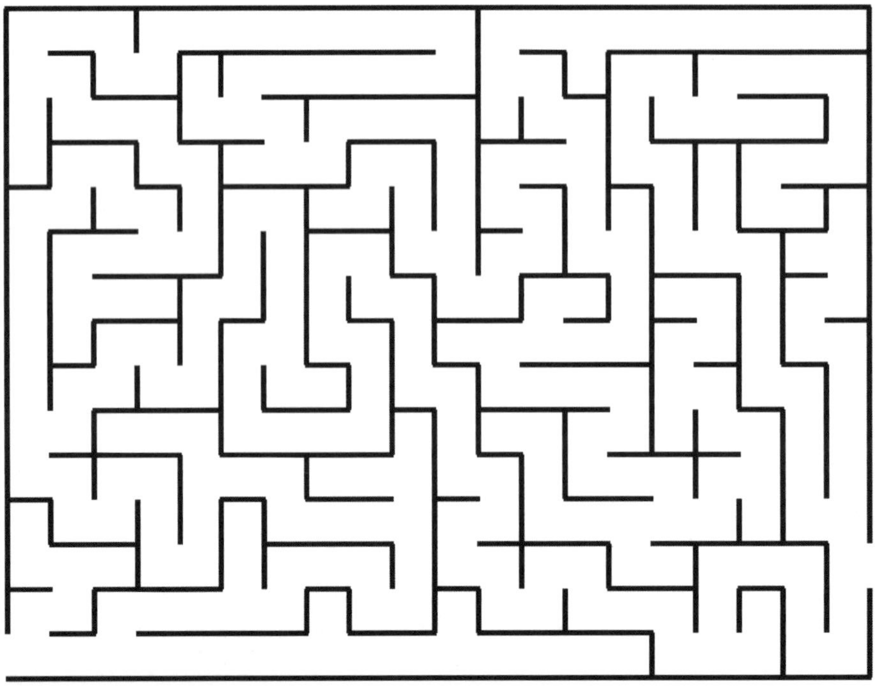

X

DER BUCHSTABE Y

Y wie Yeti

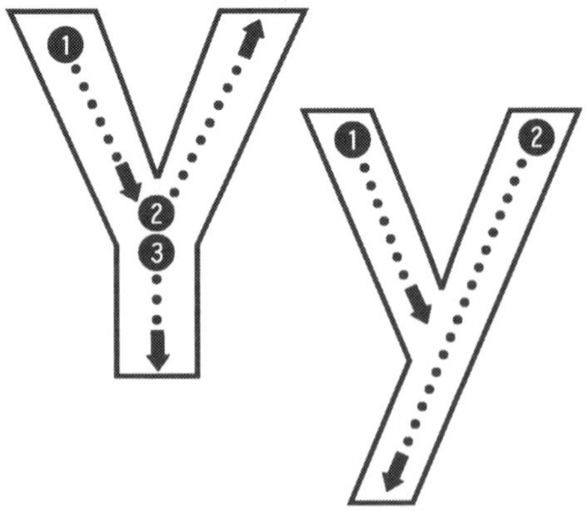

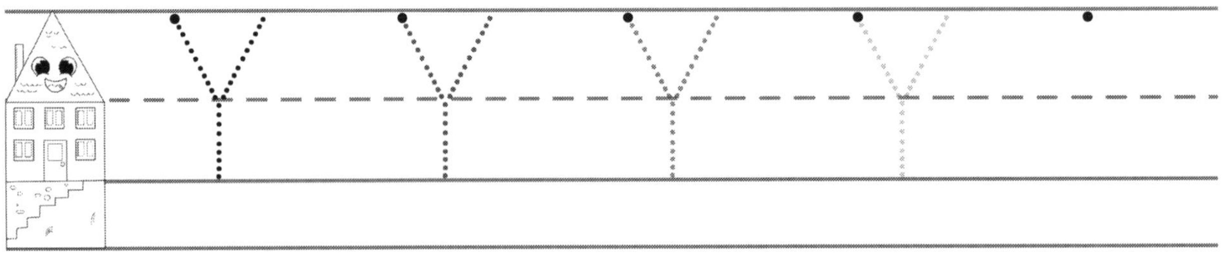

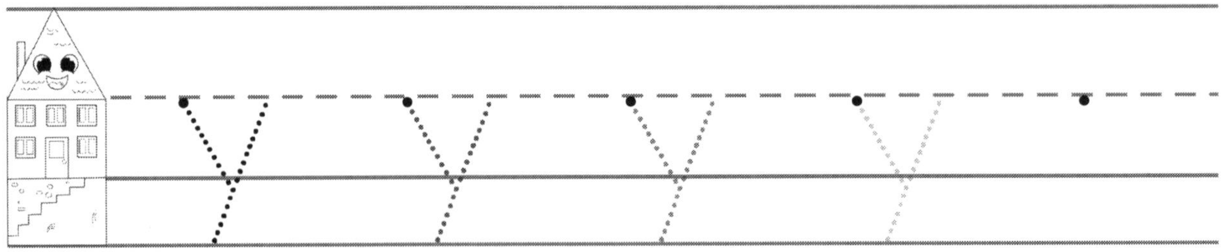

Finde den richtigen Weg zu dem Buchstaben Y

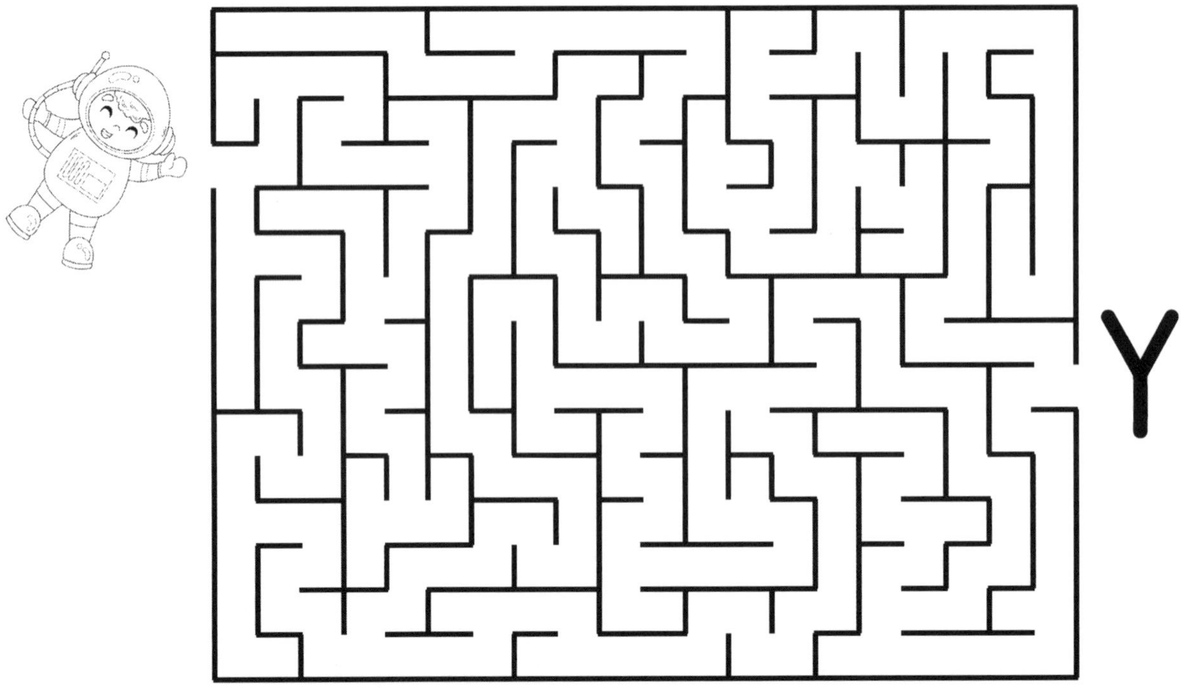

DER BUCHSTABE Z

Z wie Zug

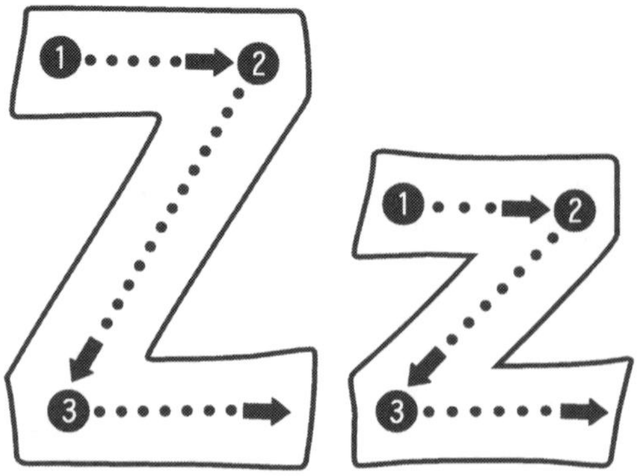

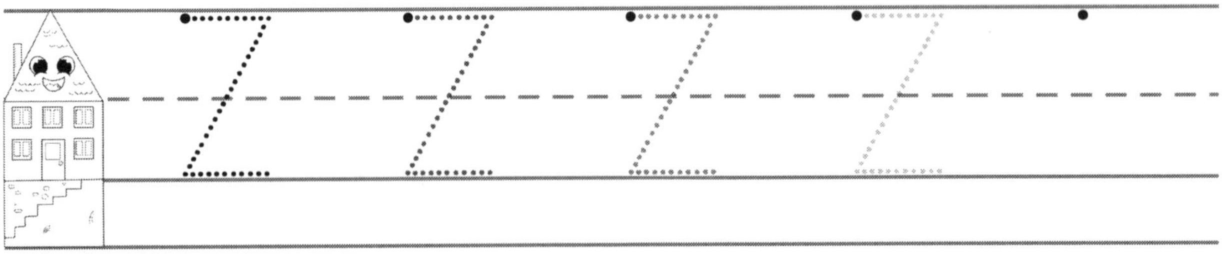

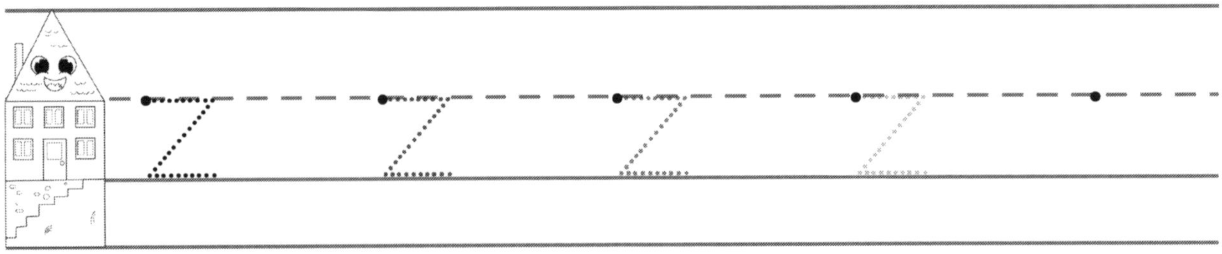

Finde den richtigen Weg zu dem Buchstaben Z

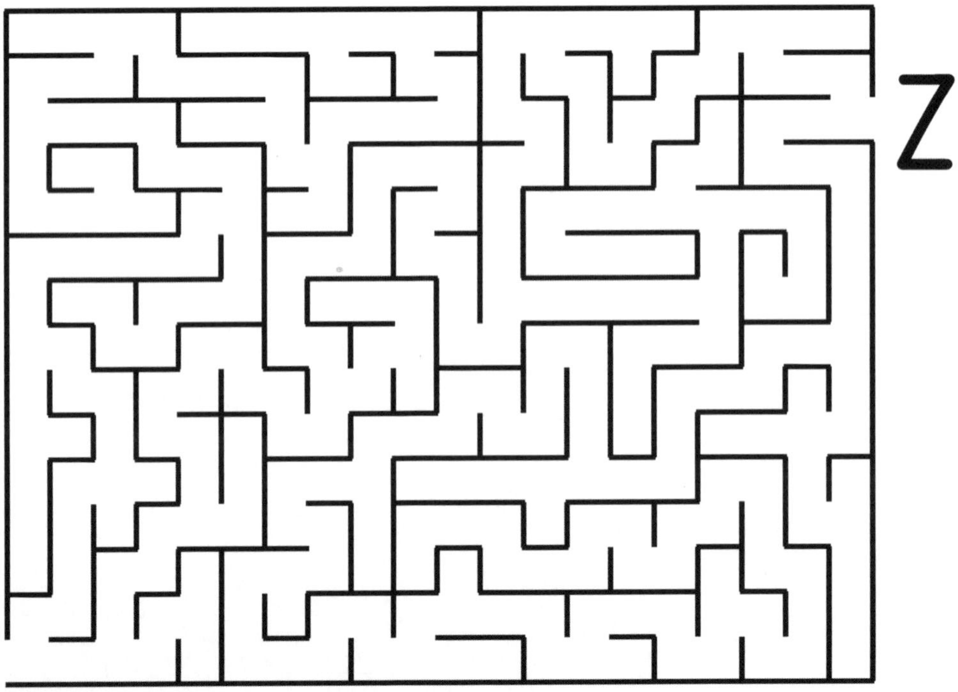

Hier kannst du schwierige Buchstaben nochmal wiederholen!

Weiter so!
Du machst das toll!

Lass uns gemeinsam
schwierige Buchstaben wiederholen,
denn Übung macht den Meister!

Welcher Schatten gehört zu welchem Bild?
Verbinde richtig!

Unterscheide Buchstaben und Zahlen!
Kreise nur Buchstaben ein!

A

P J

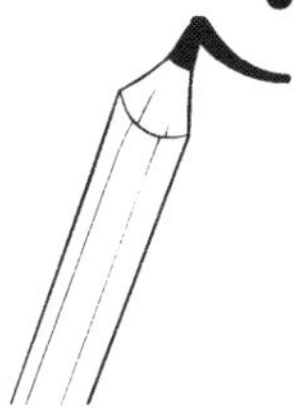

5 6

2

T 3

1

R

V H

K

F

7 N

4

E 8 9

Verbinde 2 passende Hälften miteinander!

Verbinde 2 gleiche Bilder miteinander!

Ein Bild sieht genau so aus, wie das im linken Kästchen!
Kannst du es finden?

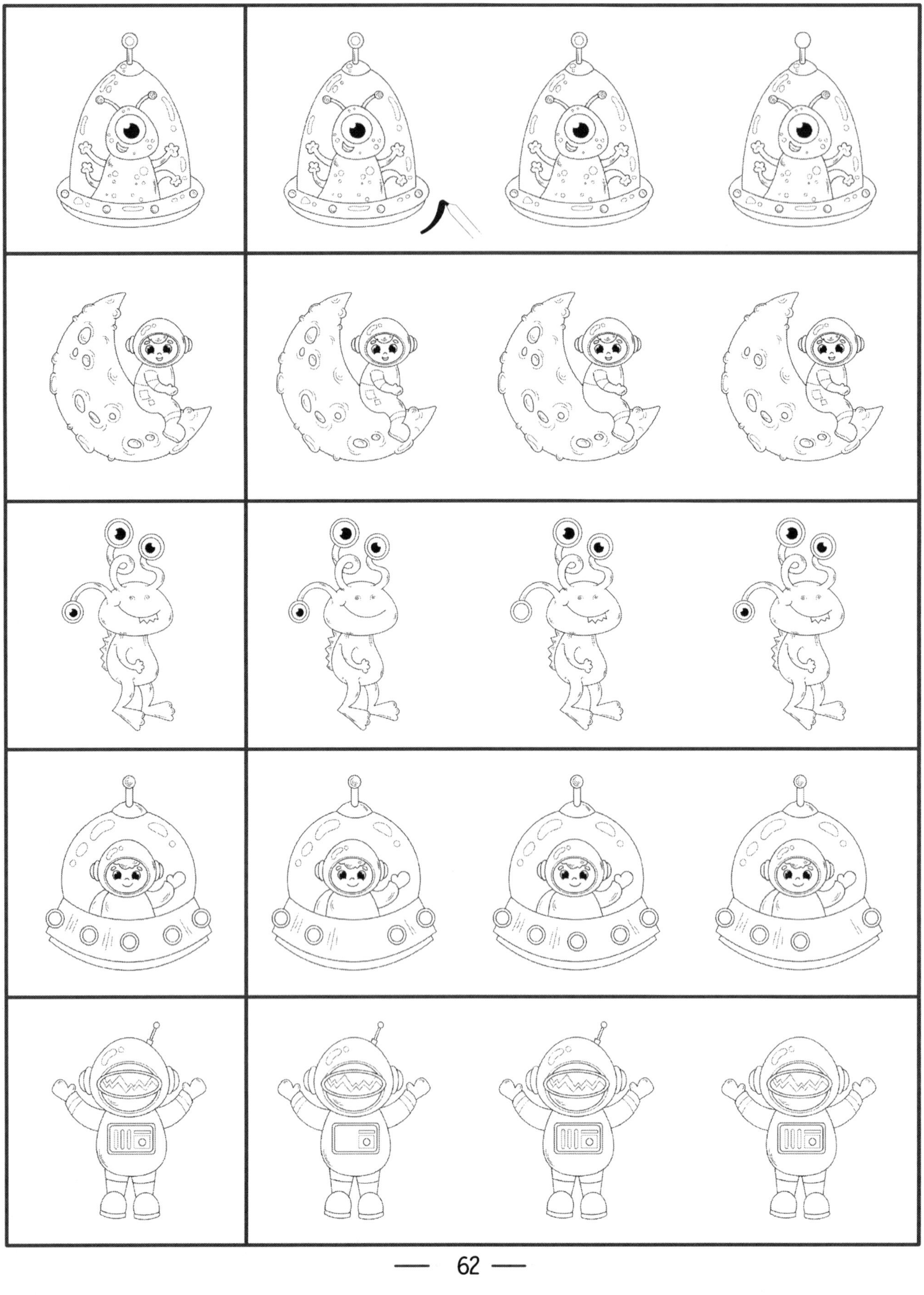

Welcher Schatten gehört zu welchem Bild?
Verbinde richtig!

Verbinde 2 passende Hälften miteinander!

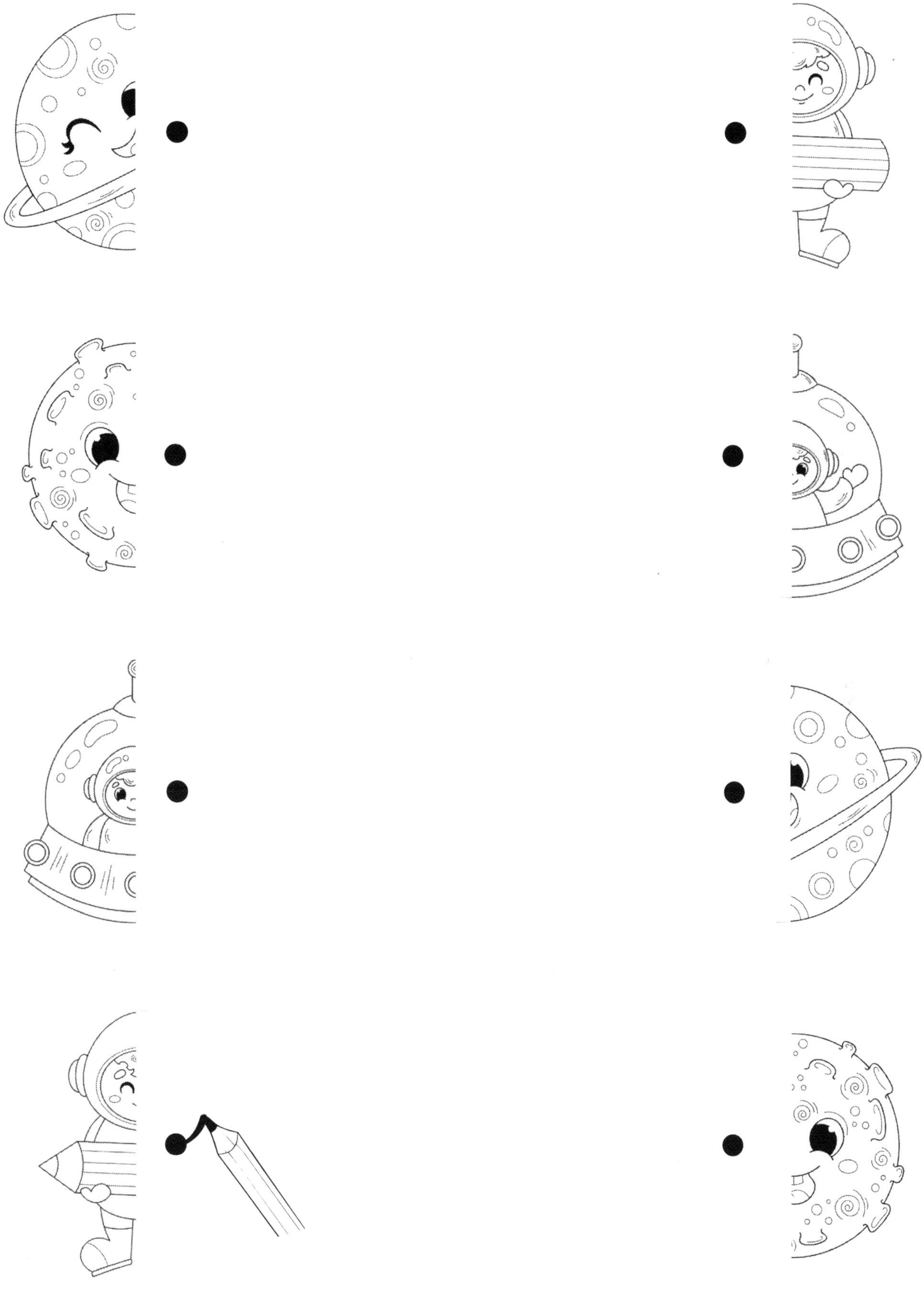

Verbinde was zusammengehört!

Groß -und Kleinbuchstaben Wiederholung!

Finde für jeden Großbuchstaben den richtigen Kleinbuchstaben!

d → D

d ist der kleine Buchstabe und
D ist der große Buchstabe!

e → ○

m → ○

l → ○

n → ○

w → ○

k → ○

h → ○

Welcher Schatten gehört zu welchem Bild?
Verbinde richtig!

Rechts oder links?
Male den richtigen Pfeil aus!

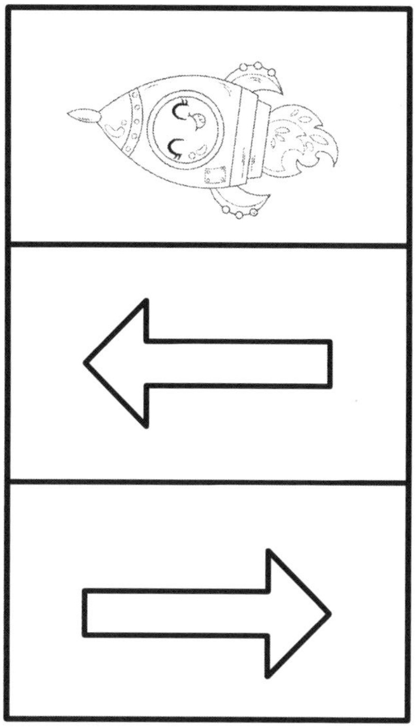

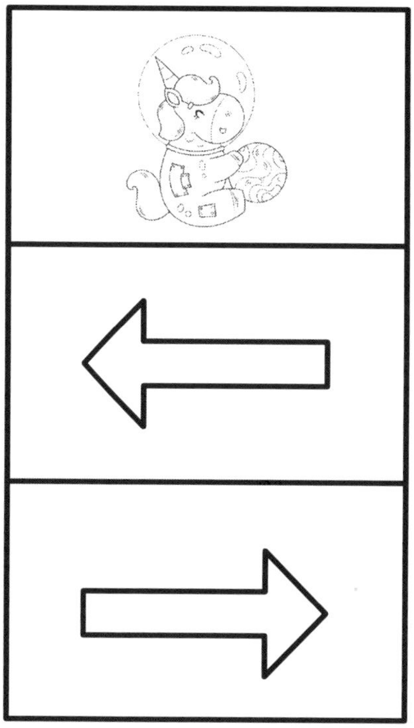

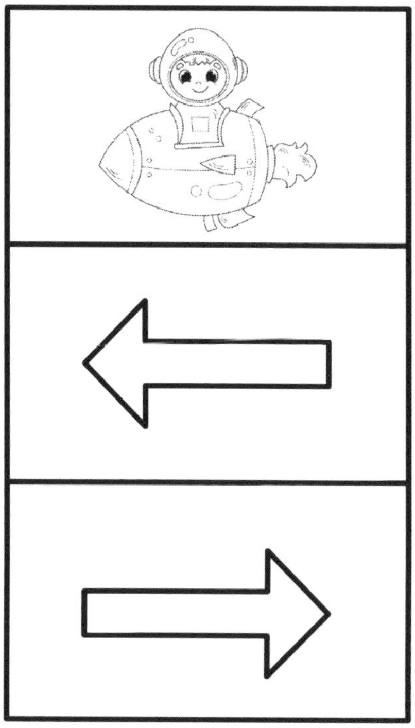

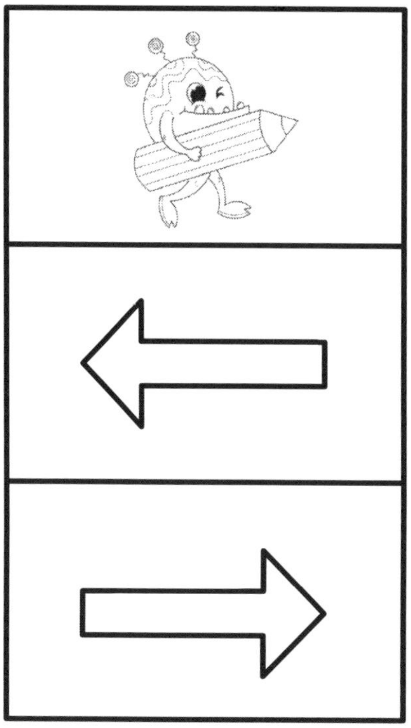

Kannst du alle Ritter finden und ausmalen?

Suche in dem Gitter nach den Rittern und male sie aus!

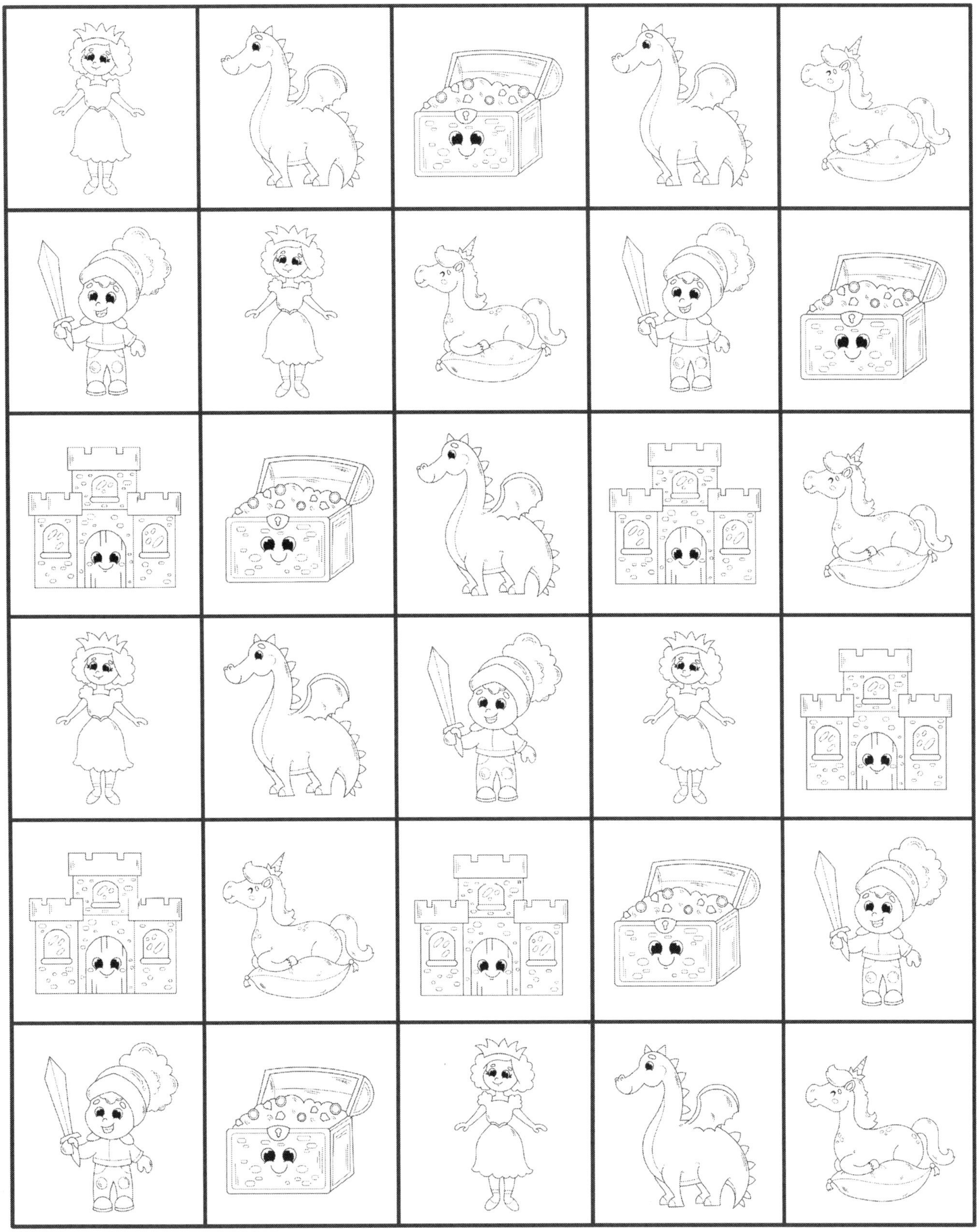

Verbinde die Astronauten der Größe nach!
Beginne mit dem kleinsten Astronauten!

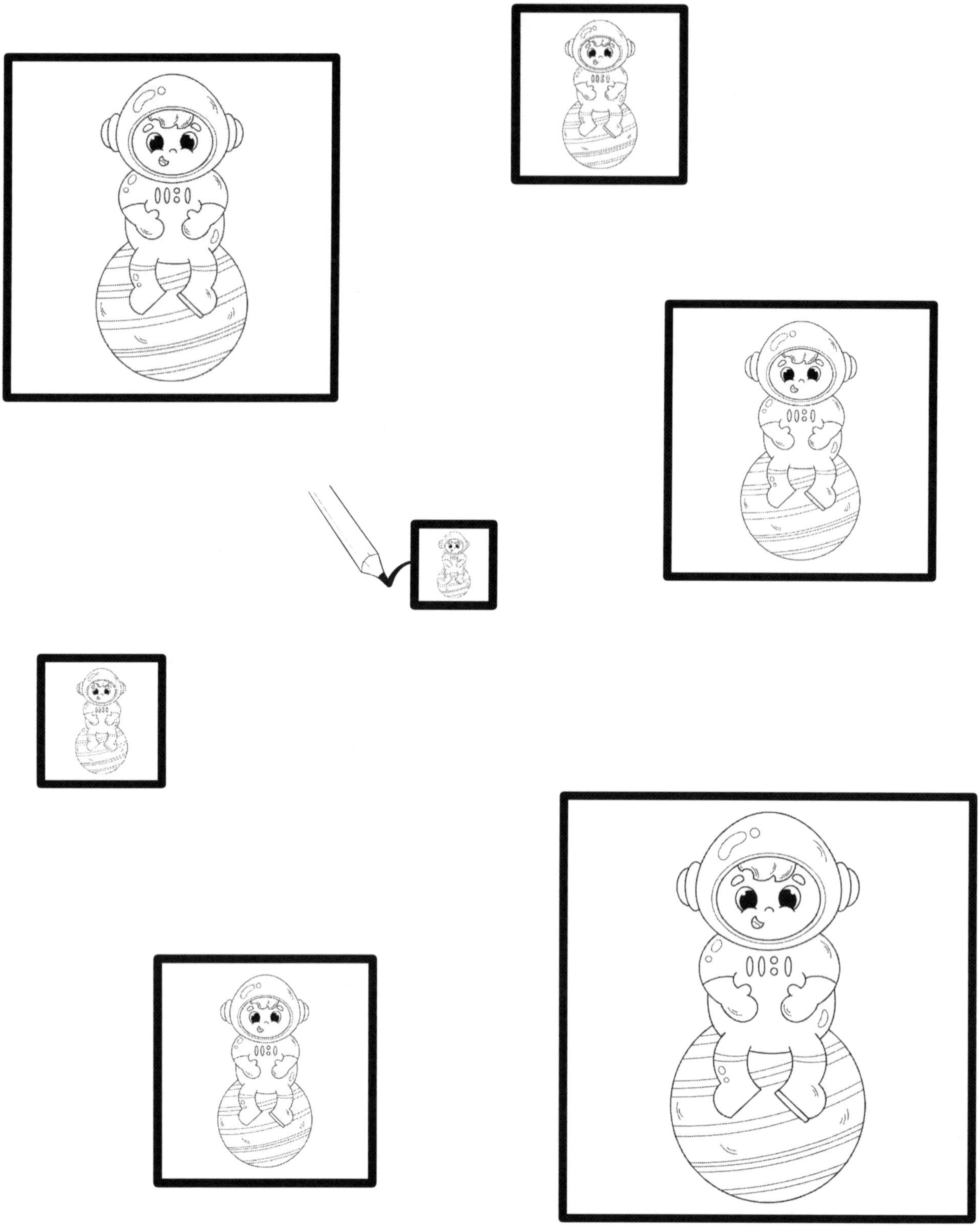

Groß -und Kleinbuchstaben Wiederholung!

Finde für jeden Großbuchstaben den richtigen Kleinbuchstaben!

B → b

B ist der große Buchstabe und
b ist der kleine Buchstabe!

F → ◯

E → ◯

D → ◯

L → ◯

R → ◯

T → ◯

H → ◯

Welcher Schatten gehört zu welchem Bild?
Verbinde richtig!

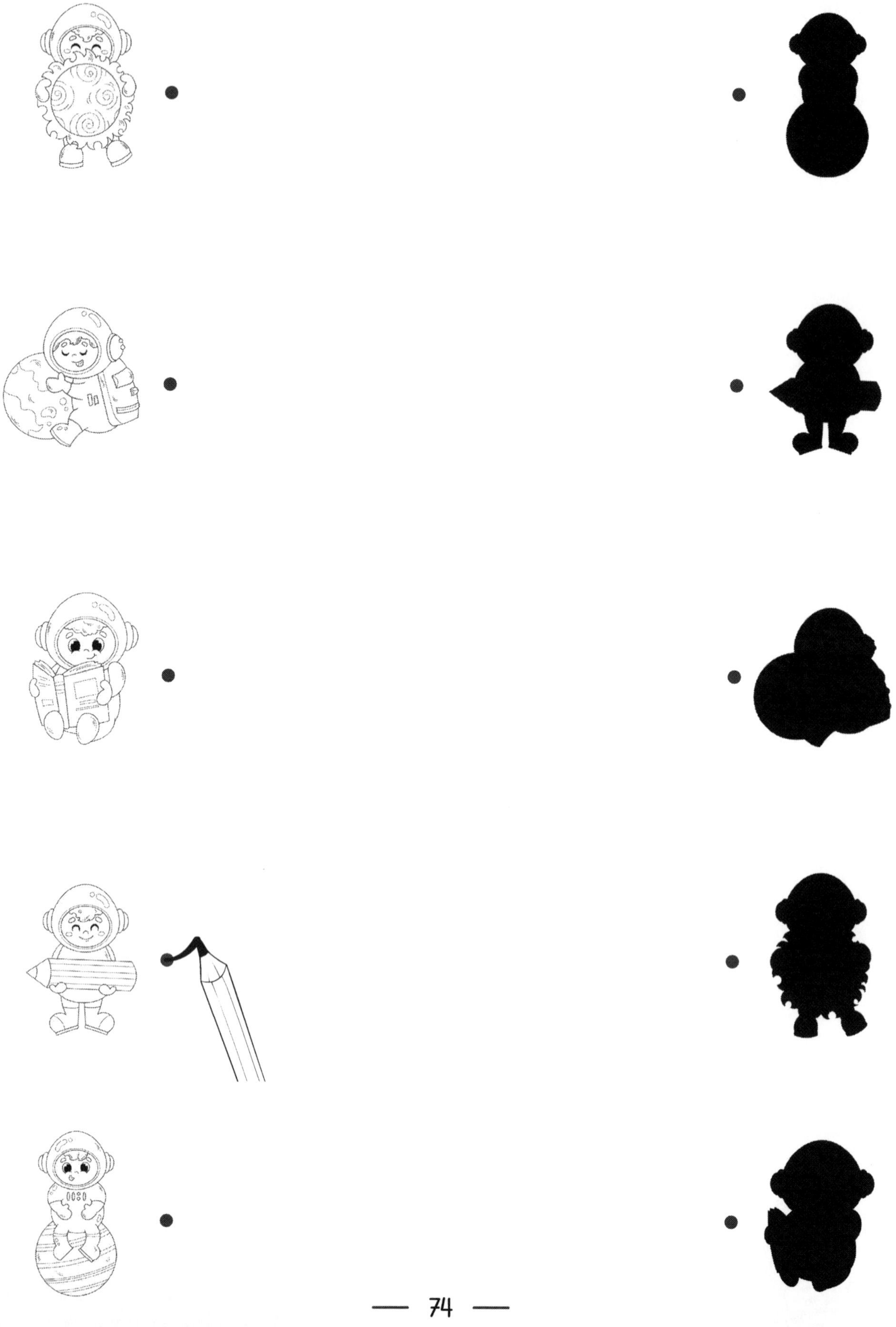

Kannst du dich noch an alle Buchstaben des Alphabets erinnern?

Ergänze die fehlenden Buchstaben!

B b

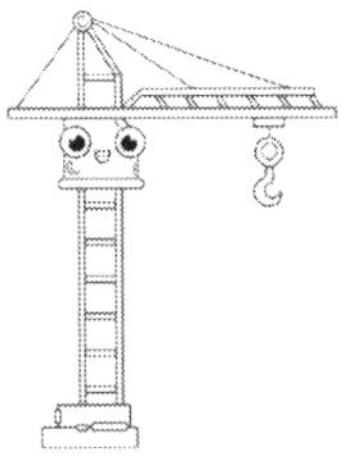

K

d

h

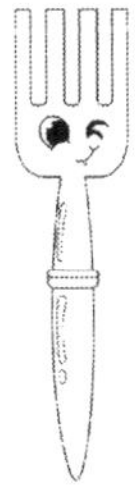

G

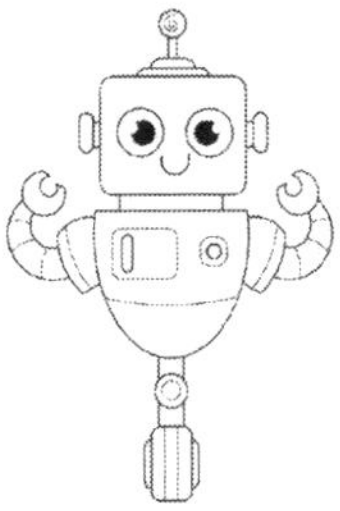

r

Finde den richtigen Kleinbuchstaben!

K •	• a
A •	• e
E •	• g
G •	• z
Z •	• q
Q •	• k

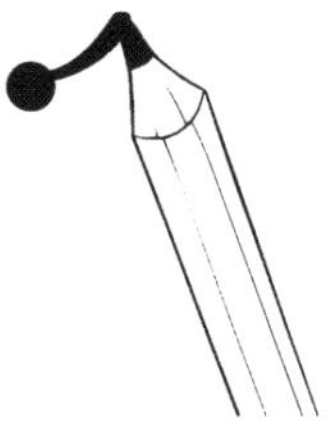

Ein Buchstabe passt in jeder Reihe nicht dazu!
Schreibe diesen Buchstaben in den Kreis!

(X) A A A X A A A

( ) Y Y Y T Y Y Y

( ) U U V U U U U

( ) E E F E E E E

( ) Q Q Q Q Q O Q

( ) I I I I I J I

( ) N M M M M M M

In jeder Reihe sind zwei Wörter genau gleich!
Kreise die Wörter ein!

DOSE	DOSE	DASE	DUSE
HOND	HUND	HUND	HUNT
ESAL	ESEL	ESSL	ESEL
PIRAT	PYRAT	PIRAT	PIRAD
WULF	WOLV	WOLF	WOLF
KRONE	KRONE	KRUNE	KROME
SOWA	SOFA	SOFA	SUFA

Buchstaben und Wörter sprechen lernen!
Kreuze alle Wörter an, die mit einem B beginnen
und spreche sie laut aus!

○ Drache

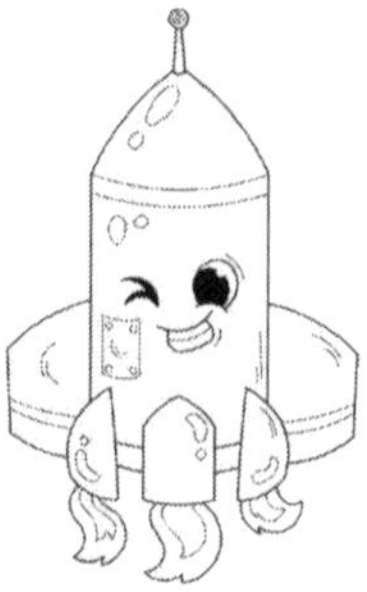

○ Rakete

⊗ Baum

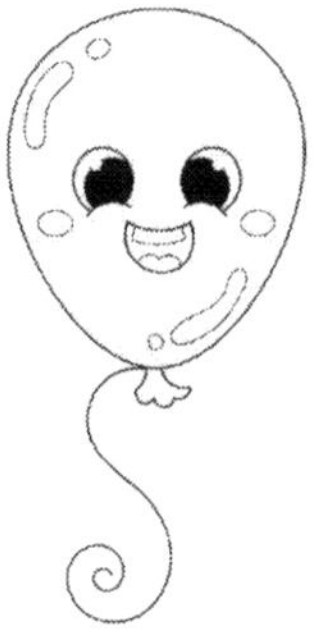

○ Ballon

○ Panda

○ Engel

○ Bus

○ Jaguar

Welcher Schatten gehört zu welchem Bild?
Verbinde richtig!

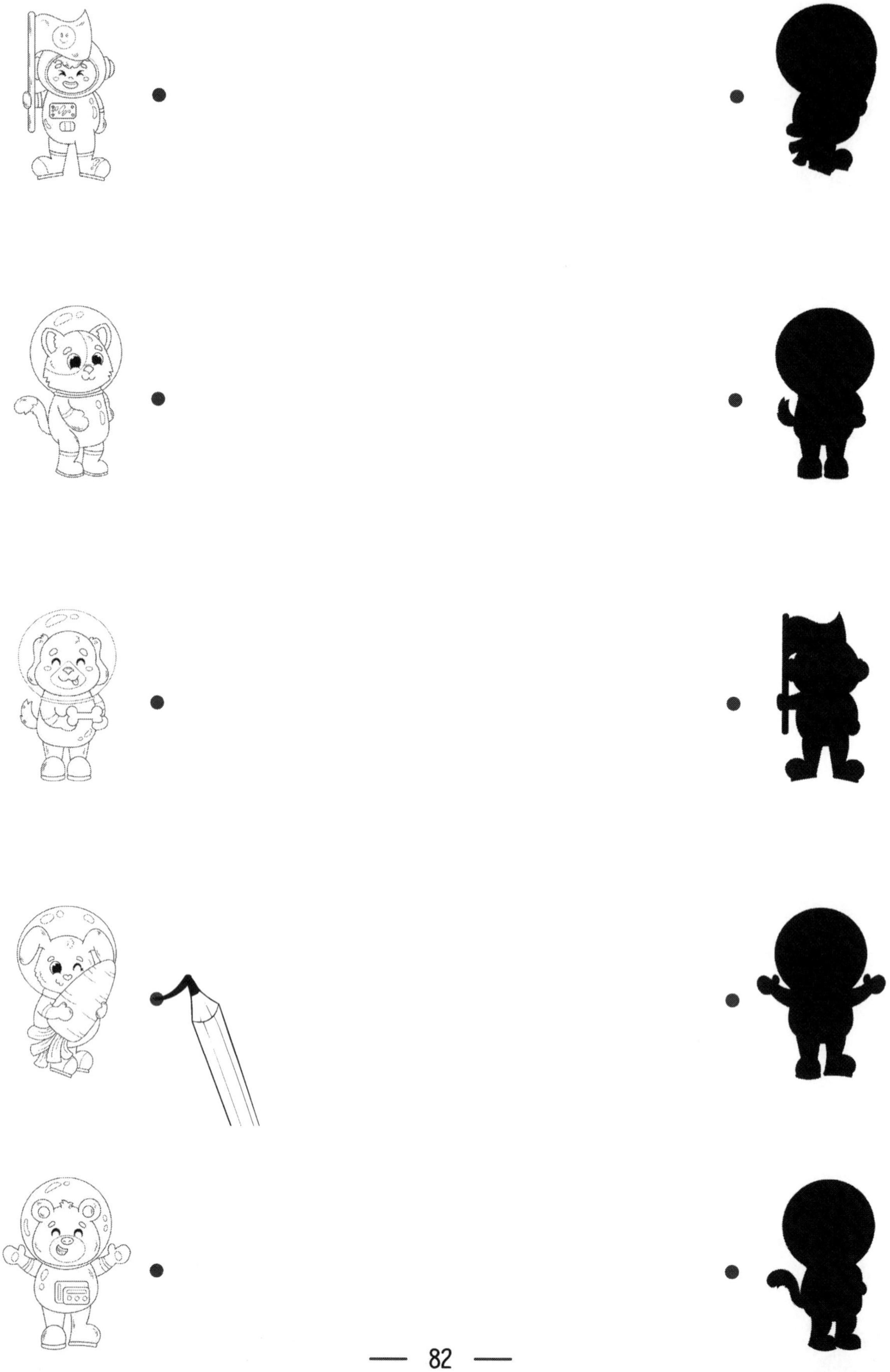

Suche in jeder Reihe die passenden Buchstaben
und kreise sie ein!

O	W	O	C	Y	O	P
P	T	R	S	P	V	P
Q	Q	T	Q	X	Y	R
R	R	S	B	N	I	A
S	S	D	S	R	G	S
T	Z	T	C	Y	T	S
U	U	W	F	M	P	D

Buchstaben und Wörter sprechen lernen!
Kreuze alle Wörter an, die mit einem F beginnen,
und spreche sie laut aus!

⊗ Fliege

○ Feuerwehr

○ Fenster

○ Ball

○ Hund

○ Fahrrad

○ Wolf

○ Affe

DIE ZAHL 0

NULL

Wir lernen die Zahl 0 schreiben!

Kreise die Zahl 0 ein!

4 1 0 5 6 7 0

0 9 8 0 0 2 4

6 3 7 1 3 9 8

0 2 0 5 0

DIE ZAHL 1

Wir lernen die Zahl 1 schreiben!

EINS

Kreise die Zahl 1 ein!

9 3 5 0 5 4

6 2 1 7 5 1

6 4 3 0

2 8 9 3

4 7 1 2 8 1

DIE ZAHL 2

ZWEI

Wir lernen die Zahl 2 schreiben!

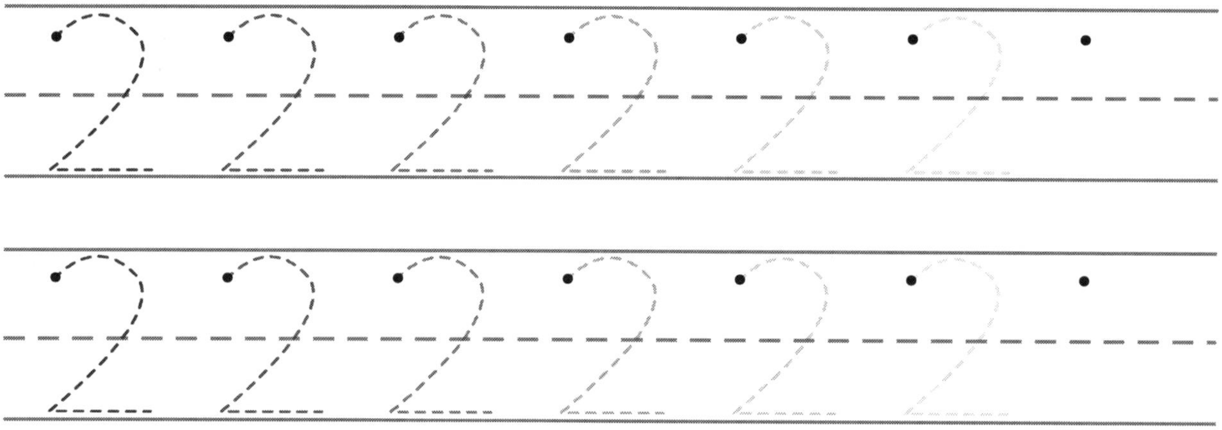

Kreise die Zahl 2 ein!

7 1 4 2 0 2 5

2 9 3 4 6 7

3 5 8 0 8 9 2

2 6 2 2 2 1

DIE ZAHL 3

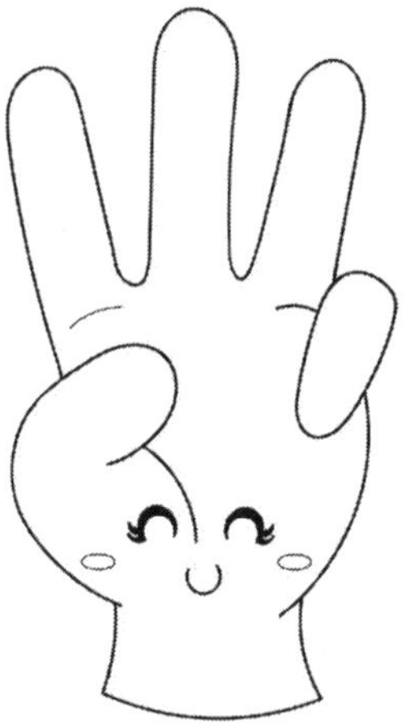

Wir lernen die Zahl 3 schreiben!

DREI

3 3 3 3 3 3

3 3 3 3 3 3

Kreise die Zahl 3 ein!

4 3 5 1 0 3 6 3

3 4 8 7 3 5 8 9 0

6 2 2 3 9 1 7 3

3

DIE ZAHL 4

VIER

Wir lernen die Zahl 4 schreiben!

Kreise die Zahl 4 ein!

4 5 1 0 9 4

5 6 3 4 8 4 7

8 4 9

3 4 2

0 6 2 1 7 4

4

DIE ZAHL 5

FÜNF

Wir lernen die Zahl 5 schreiben!

Kreise die Zahl 5 ein!

4 1 4 1 5 9

8 5 2 5 7 3 5

0 6 9 3 6 5 7

5 2 5 5 0 8

DIE ZAHL 6

Wir lernen die Zahl 6 schreiben!

SECHS

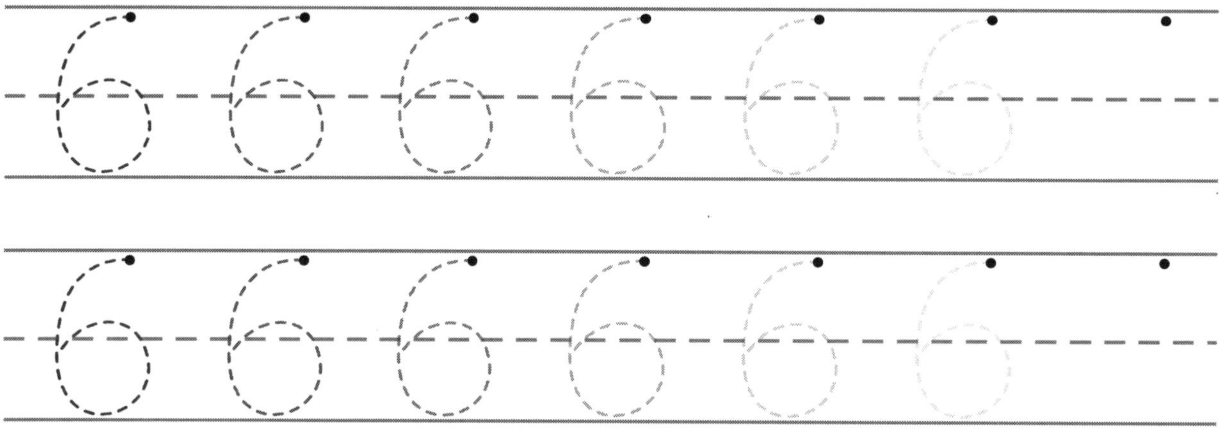

Kreise die Zahl 6 ein!

6 4 1 6 4 9

3 6 0 2 6

7 6 8 3 5 5 8 0

7 2 6 6 1 9 6

DIE ZAHL 7

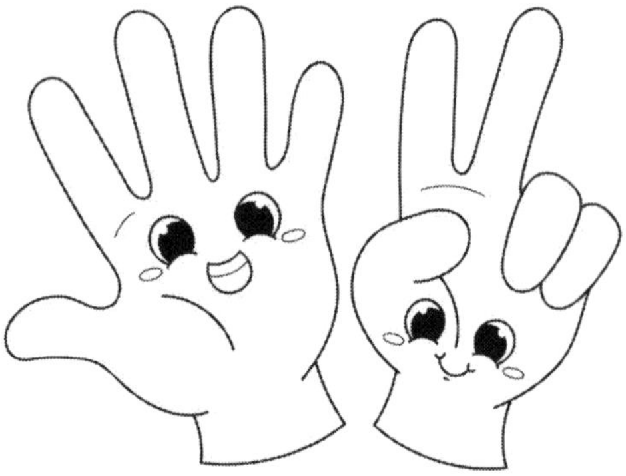

SIEBEN

Wir lernen die Zahl 7 schreiben!

Kreise die Zahl 7 ein!

4 7 5 1 3 5 7

8 6 2 7 4 7 0 7

6 1 9 3

7 2 7 8 0 9

7

DIE ZAHL 8

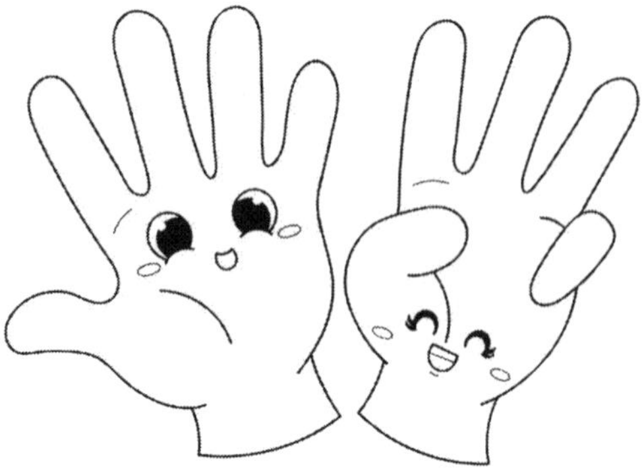

Wir lernen die Zahl 8 schreiben!

ACHT

Kreise die Zahl 8 ein!

2 8 0 8 9 5

8 1 0 8 4 1 6 8

9 6 4 7

8 7 2 5 3 8 3

8

DIE ZAHL 9

NEUN

Wir lernen die Zahl 9 schreiben!

Kreise die Zahl 9 ein!

9 8 9 0 6 9 0

4 5 7 1 5 9 2

7 1 3 3 8 6

9 2 9 9 4 9

DIE ZAHL 10

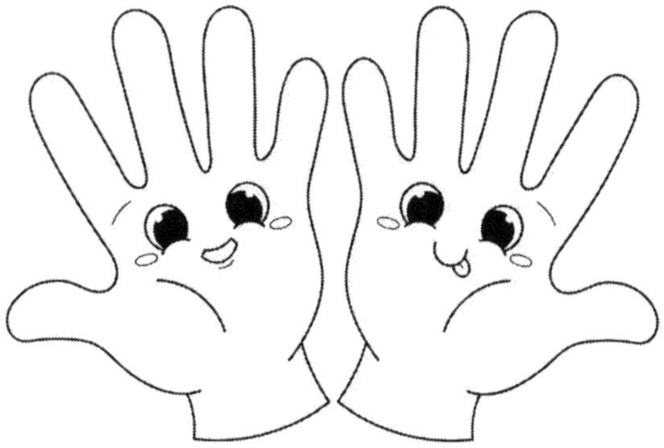

Wir lernen die Zahl 10 schreiben!

ZEHN

Kreise die Zahl 10 ein!

10 5 4 10 10 6 7

9 2 4

5 10 3 8 7 10

6

9 4 3 2 5

10 8 6

10

10
10
10
10

Hier kannst du schwierige Zahlen nochmal wiederholen!

Nun kannst du auch schon die Zahlen von 0 bis 10! Du bist spitze!

Lass uns gemeinsam schwierige Zahlen wiederholen, denn Übung macht den Meister!

Wie viele Astronauten kannst du zählen?

Ich zähle_______ Astronauten.

Wie viele Bilder kannst du zählen?
Kreise die richtige Zahl ein!

1
2
3
4

3
4
5
6

1
2
3
4

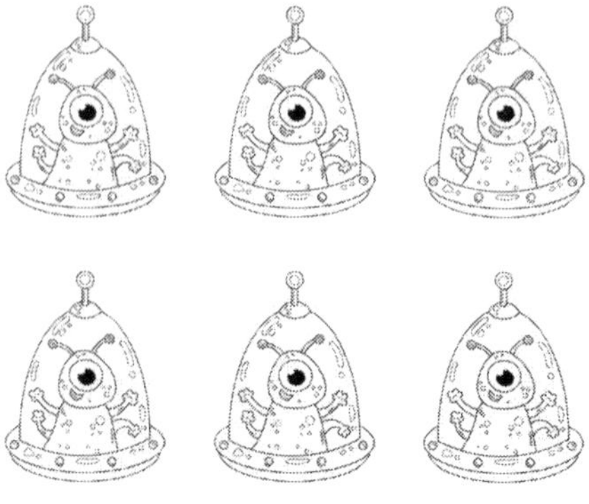

4
5
6
7

Tiere im Weltraum!
Welche Tiere sind als Astronauten verkleidet?
Male aus!

Überall fehlt immer ein Bild!
Aber welches Bild passt wohin?
Verbinde richtig!

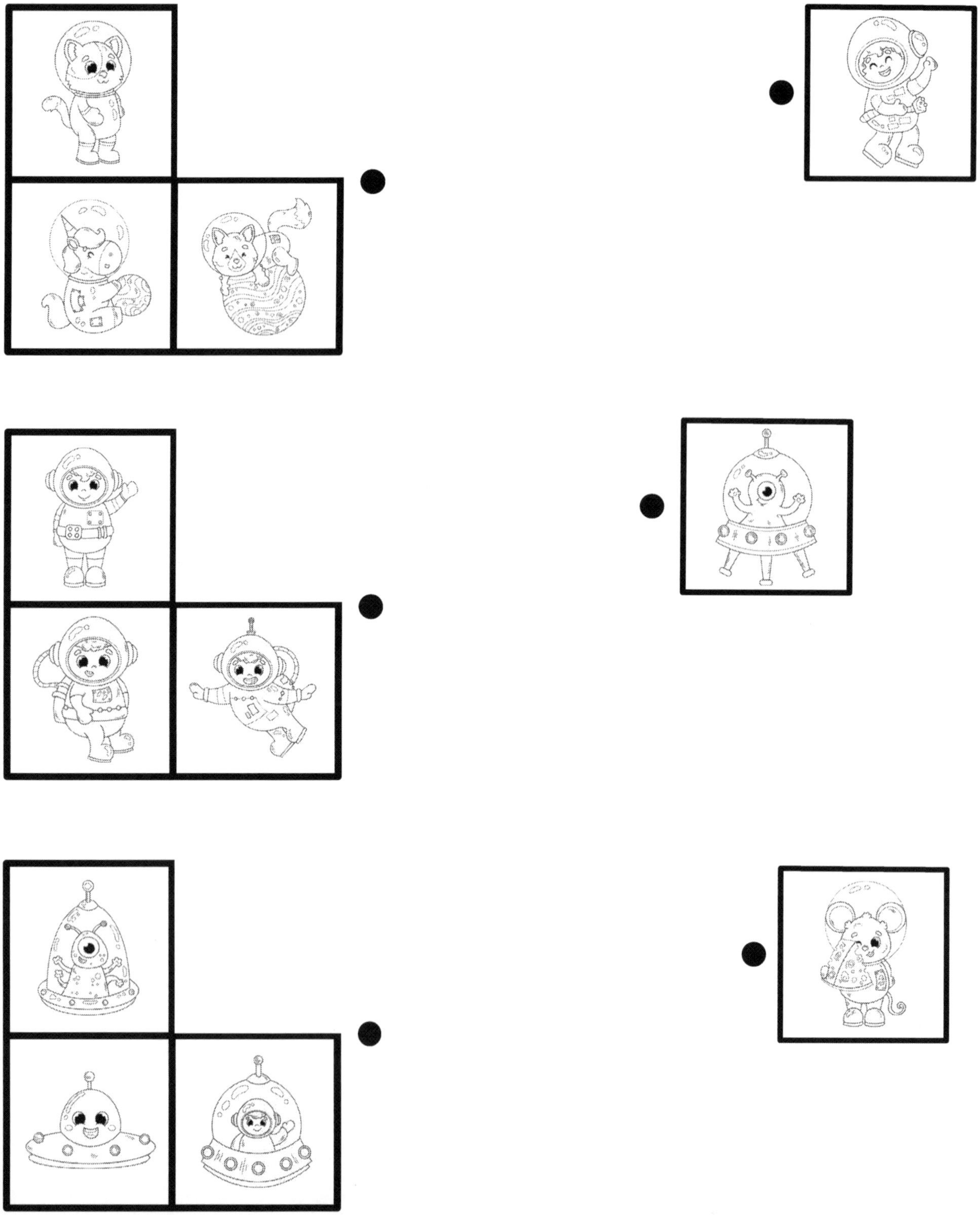

Fast alle Bilder sehen genau gleich aus, aber ein Bild ist anders als die anderen!

Kannst du das Bild finden und einkreisen?

Welches der Bilder passt zu den anderen?
Kreuze an!

Wie viele Bilder kannst du zählen?
Kreise die richtige Zahl ein!

5
6
7
8

1
2
3
4

4
5
6
7

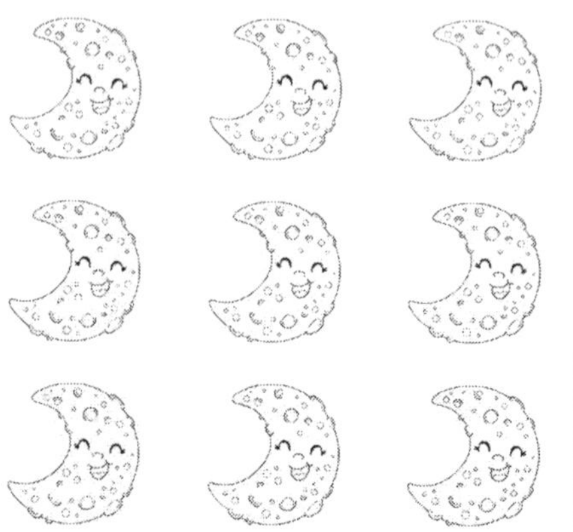

7
8
9
10

Ordne die Bilder der Größe nach von 1 bis 3!

Beginne mit dem kleinsten Bild!

Wie viele Formen kannst du zählen?
Schreibe die richtige Zahl neben jede Form!

○ ____	☆ ____	◇ ____
□ ____	△ ____	♡ ____

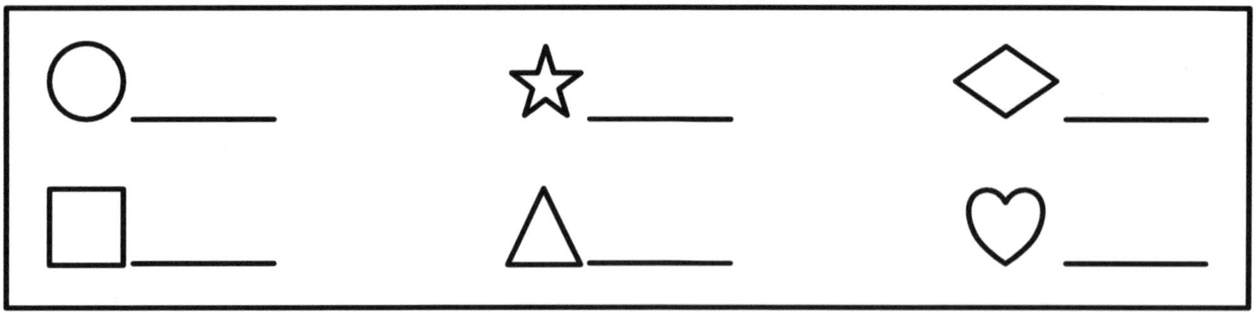

Male so viele Kreise aus, wie dir die Zahl vorgibt!

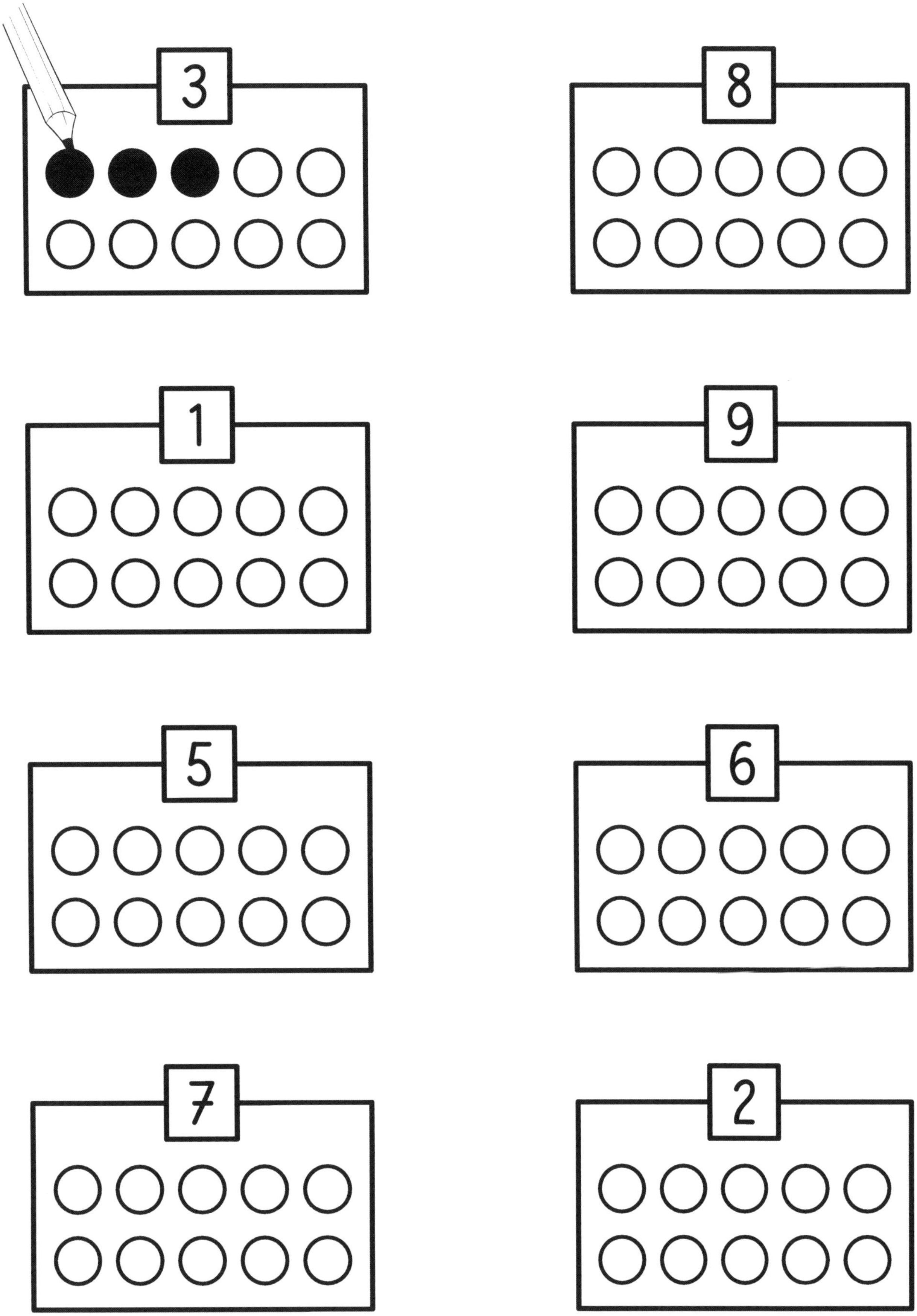

Zwei Würfel haben immer gleich viele Punkte!

Verbinde sie miteinander!

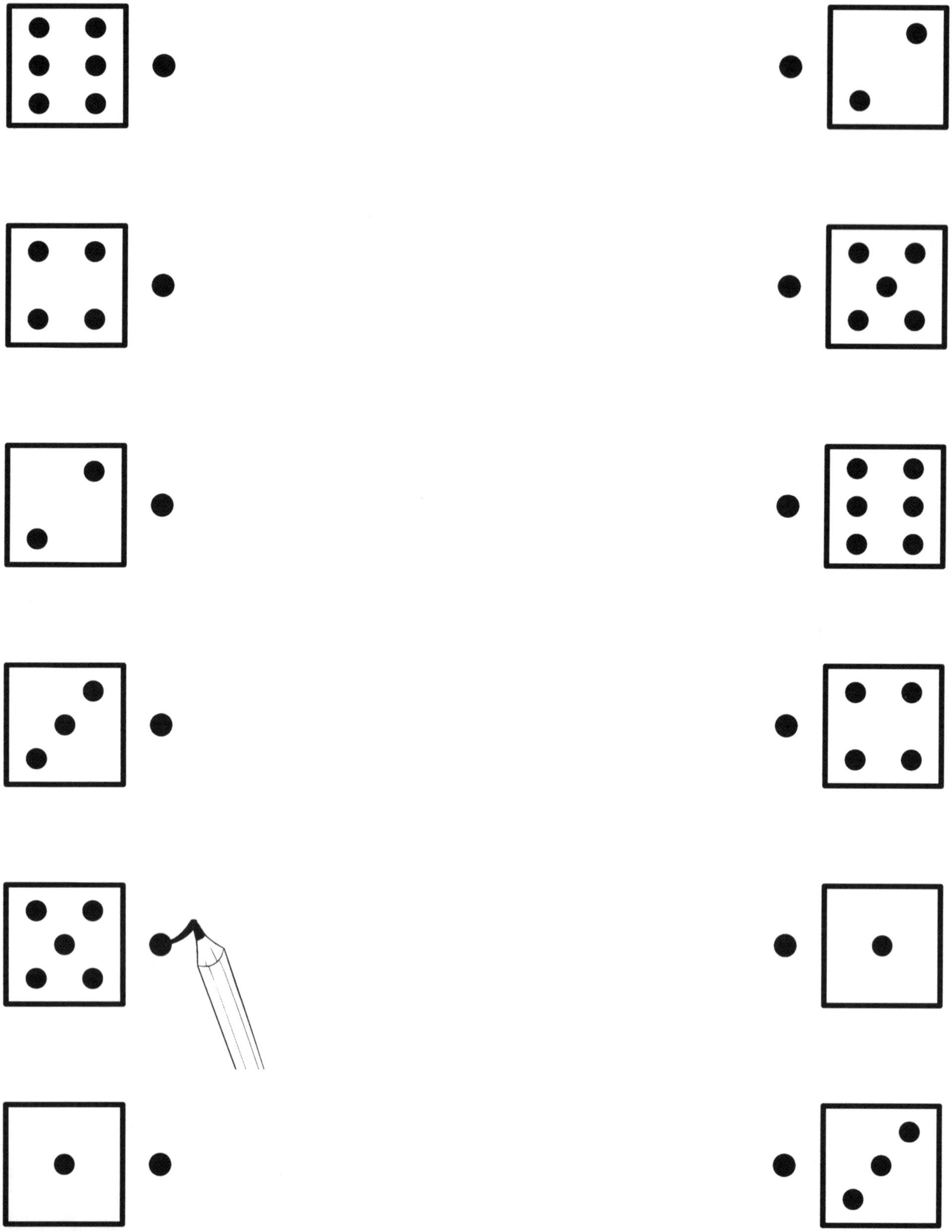

Welche Zahlen fehlen in den Zahlenreihen?
Schreibe die fehlenden Zahlen in die Kästchen!

1	2		4		6	7		9	10
	2	3	4	5		7	8		10
1	2	3			6	7	8		10
	2	3		5	6	7	8	9	
1			4	5	6	7	8		10
1	2	3		5	6			9	10

Kannst du die Zahlen in die richtige Reihenfolge bringen?

10 – 3 – 5 – 2 – 7 → 2 3 5 7 10

2 – 8 – 3 – 5 – 9 → __ __ __ __ __

1 – 4 – 2 – 9 – 7 → __ __ __ __ __

9 – 3 – 6 – 1 – 2 → __ __ __ __ __

7 – 10 – 1 – 5 – 4 → __ __ __ __ __

In welchem Rechteck sind mehr Kreise?

Kreuze das Rechteck, in dem mehr Kreise sind, an!

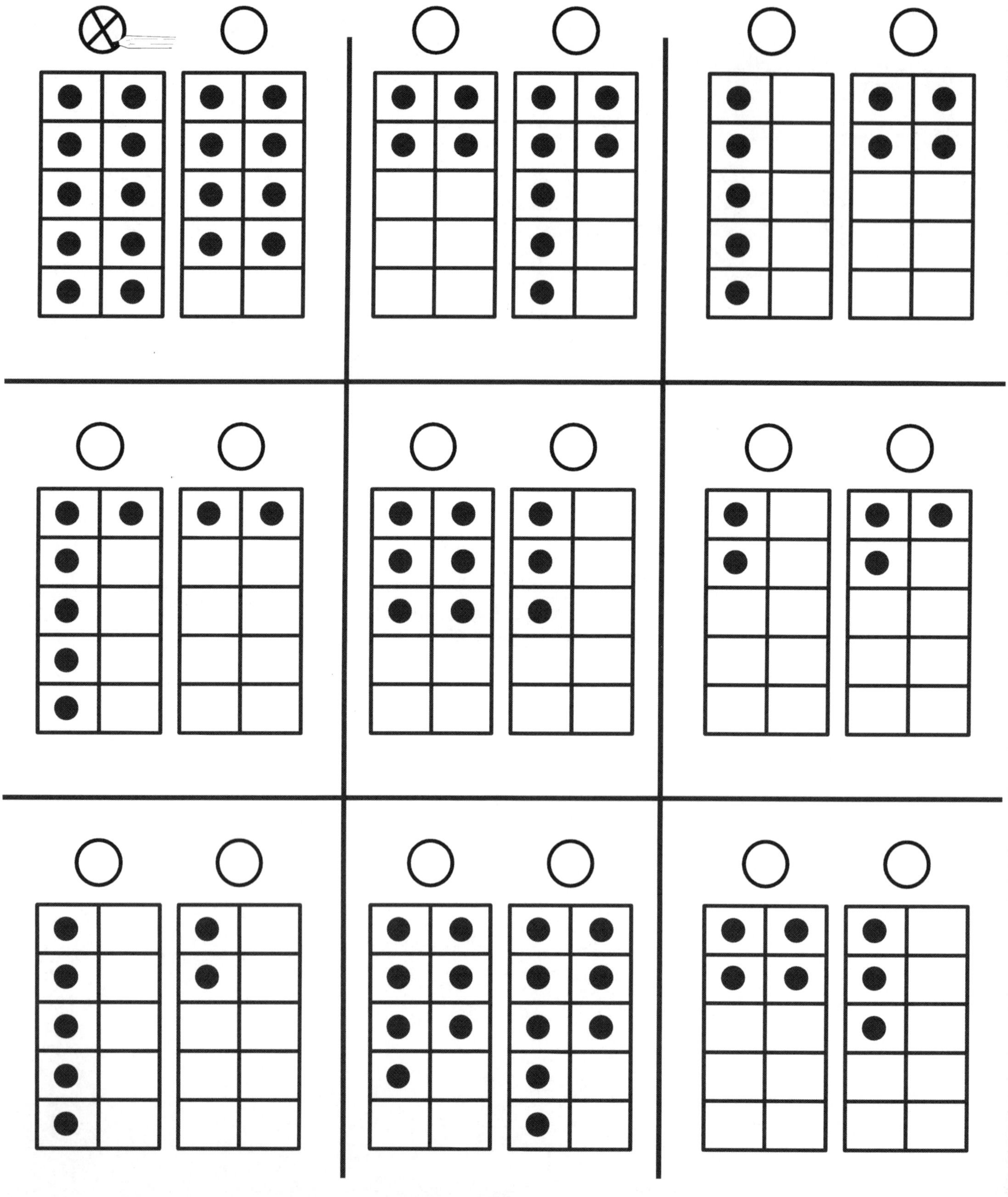

Welcher Kreis gehört wohin?

Verbinde richtig!

6

2

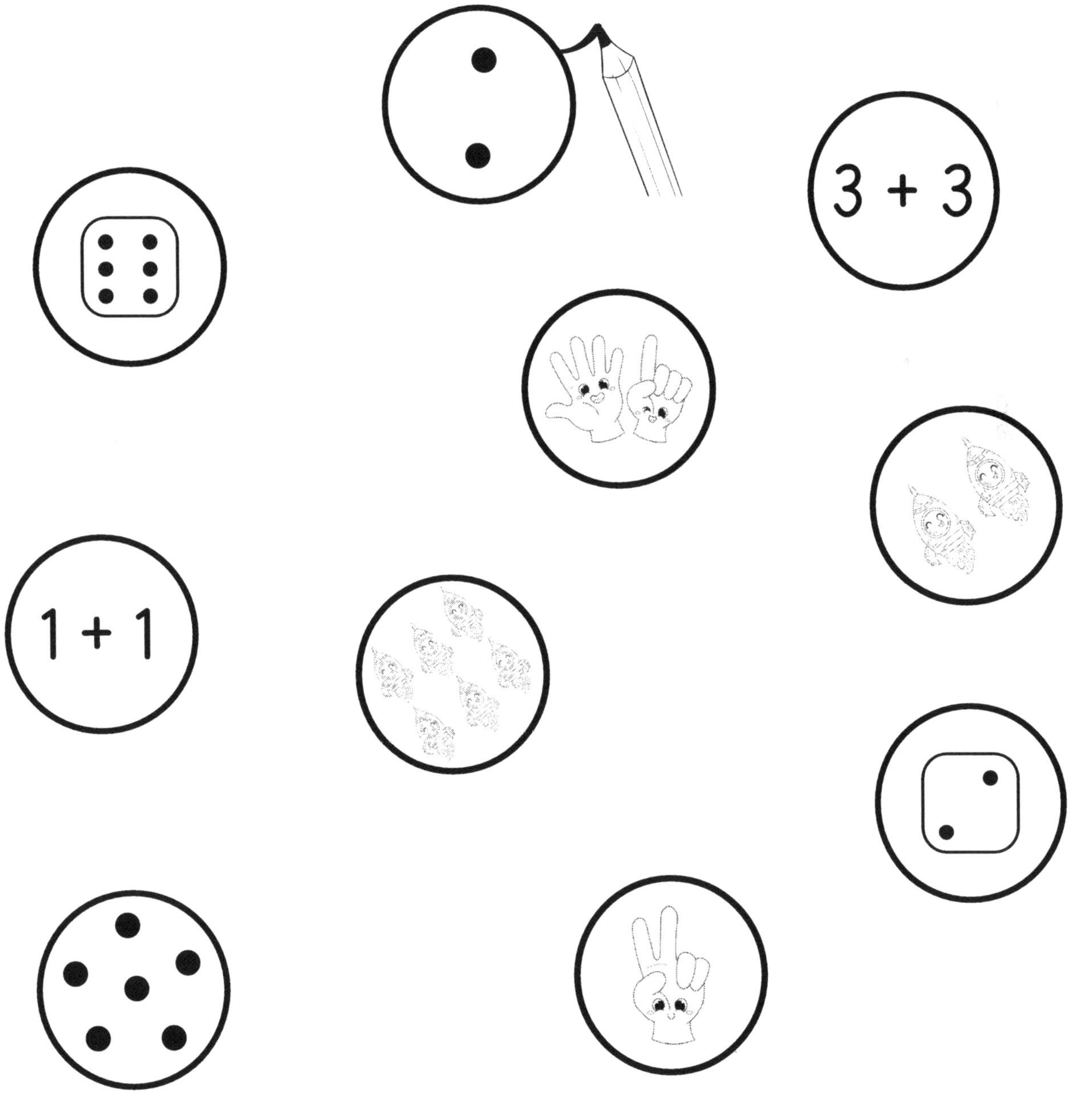

Zu jedem Astronauten gehört ein Planet!
Rechne und verbinde richtig!

Im linken Haus findest du ganz viele Zahlen!
Trage in das rechte Haus die passende Anzahl an Punkten ein!

6	
5	1
4	2
3	3
1	5

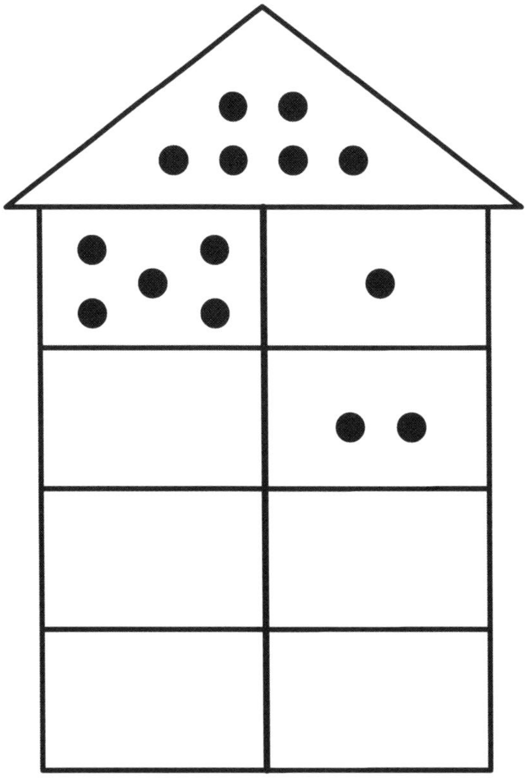

8	
7	1
6	2
5	3
4	4

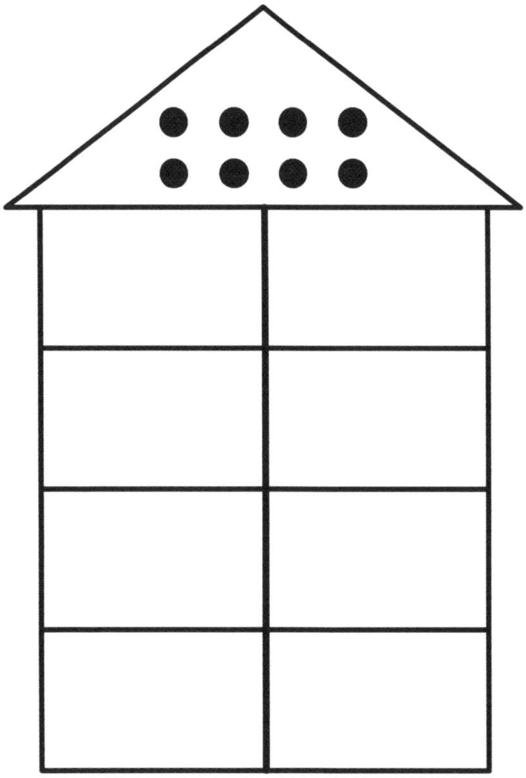

Zähle die Finger und rechne die Aufgabe!

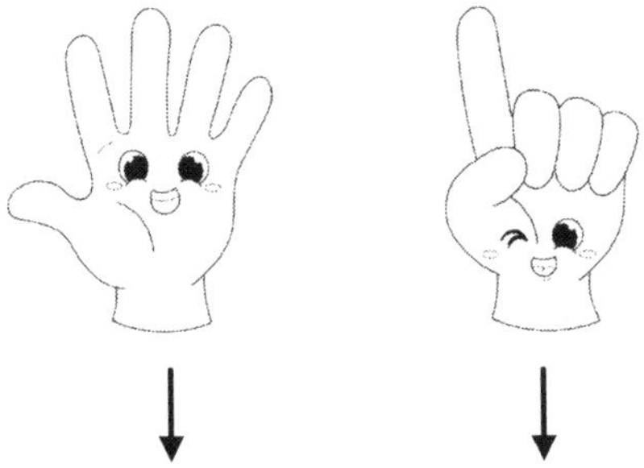

5 + 1 = 6

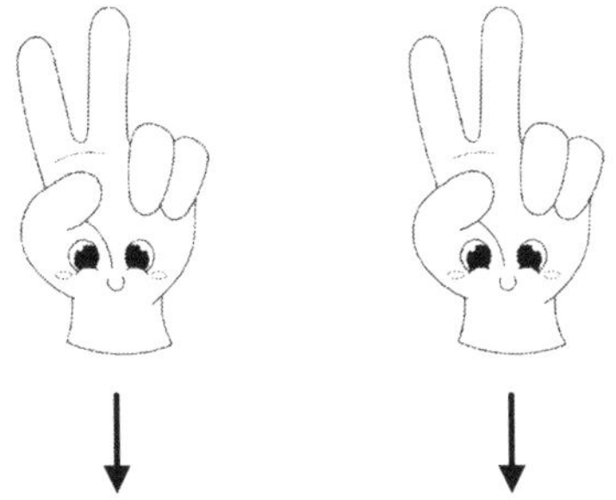

◯ + ◯ = ◯

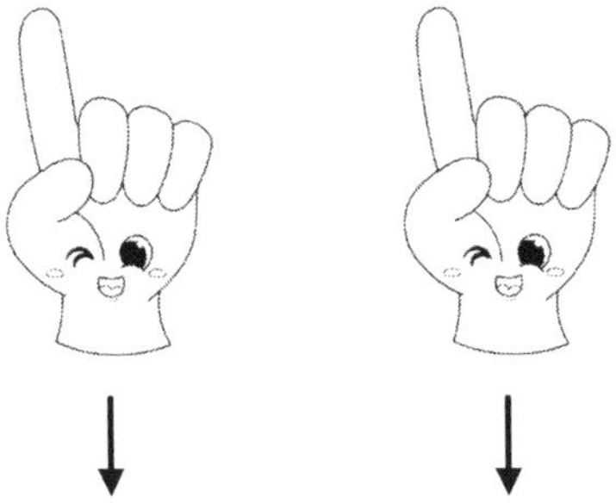

◯ + ◯ = ◯

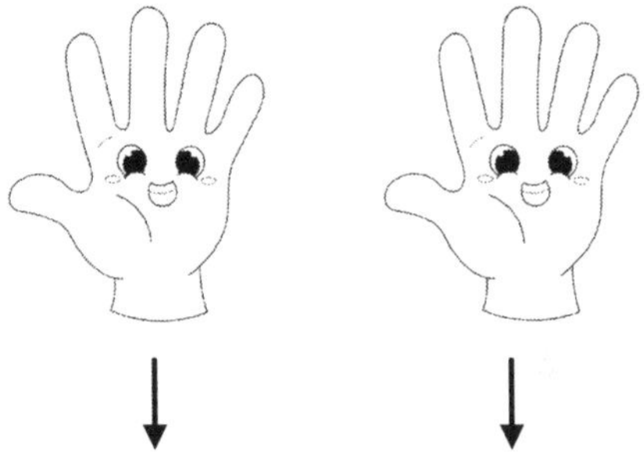

◯ + ◯ = ◯

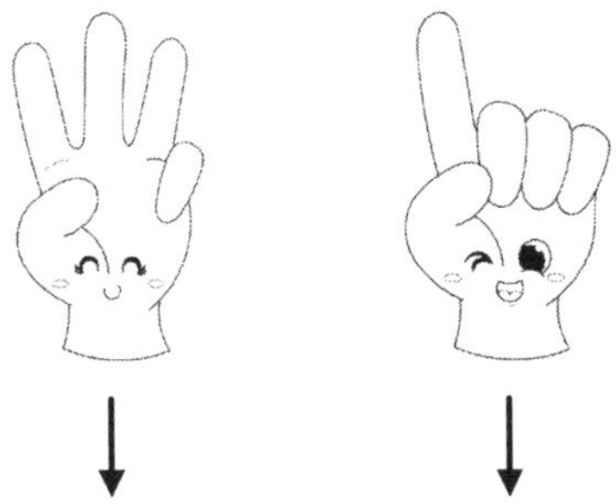

◯ + ◯ = ◯

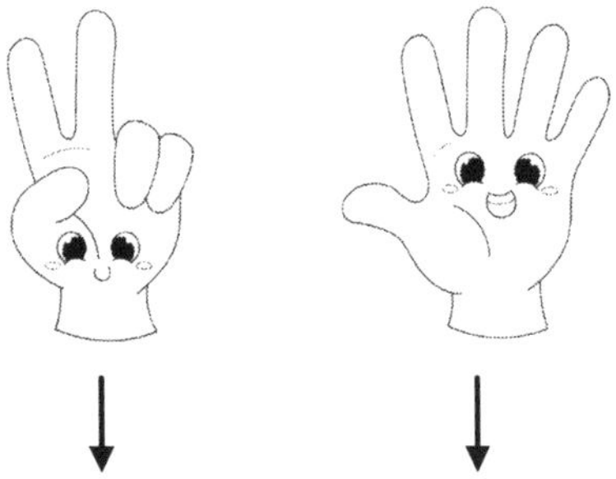

◯ + ◯ = ◯

Löse das Zahlen-Labyrinth!

Starte bei der Zahl 1 und finde den Weg zu der Zahl 10!

4	1	3	2	4	7	10	1	8	10
		1	4	9	4	3	2	4	8
1	5	2	5	8	5	10	7	1	3
6	8	10	6	3	6	7	2	1	9
5	3			6	9	8	2		6
7	2			2	5	9	6		7
9	8	7	9	10	6	10	3	9	4

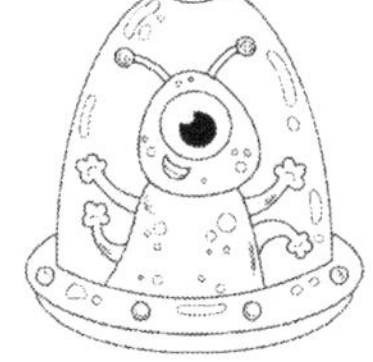

Kannst du die Aufgabe lösen?
Zähle die Bilder und trage die richtigen Zahlen in die Kreise ein!

4 + ◯ = 7

◯ + ◯ = ◯

◯ + ◯ = ◯

Wir üben das Plusrechnen!

1 + 1 = 2

1 + 5 = 6

2 + 3 = ☐

2 + 5 = ☐

3 + 1 = ☐

3 + 3 = ☐

Kannst du mir helfen, die Aufgaben zu lösen?

4 + 2 = ☐

4 + 6 = ☐

5 + 2 = ☐

5 + 1 = ☐

6 + 3 = ☐

6 + 2 = ☐

Du machst das super! Weiter so!

Kannst du die Aufgabe lösen?

Zähle die Bilder und trage die richtigen Zahlen in die Kreise ein!

6 − ◯ = 4

◯ − ◯ = ◯

◯ − ◯ = ◯

Wir üben das Minusrechnen!

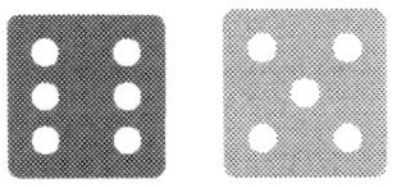

6 − 5 = 1

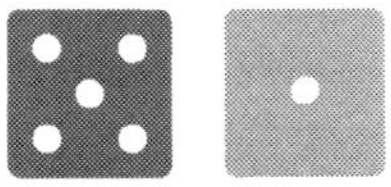

5 − 1 = 4

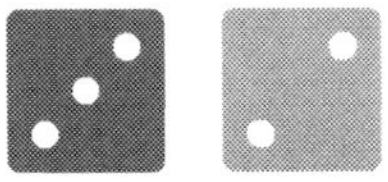

3 − 2 = ☐

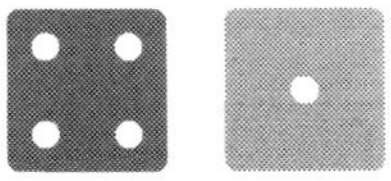

4 − 1 = ☐

6 − 3 = ☐

2 − 1 = ☐

Lass uns gemeinsam Minusrechnen!

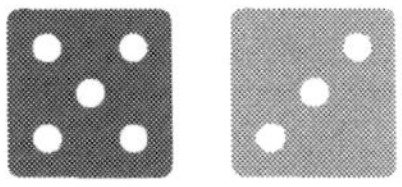

5 − 3 = ☐

5 − 2 = ☐

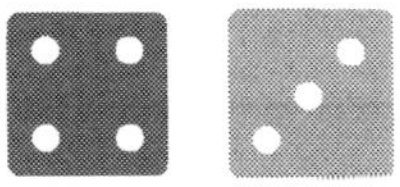

4 − 3 = ☐

3 − 1 = ☐

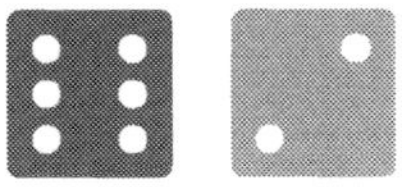

6 − 2 = ☐

6 − 4 = ☐

Ich bin so stolz auf dich!

Nachschub gefällig?

Weitere unserer Beschäftigungsbücher findest du unter

„Lilly Wiesmann“ auf Amazon!

Das Abenteuer geht weiter!
Hier findest du weitere Beschäftigungsbücher!
Wir freuen uns, dich bald wiederzusehen!

DAS GROßE
BESCHÄFTIGUNGSBUCH
& RITTER
DRACHEN
LILLY WIESMANN

DAS GROßE
BESCHÄFTIGUNGSBUCH
PRINZESSIN
LILLY WIESMANN

Schlusswort

Ich hoffe, ich konnte Ihrem Kind und Ihnen mit diesem Buch eine Freude bereiten und ich danke Ihnen von Herzen, dass Sie dieses Buch gekauft haben!

Ihre

Lilly Wiesmann

ISBN: 978-3-98724-085-0
1. Auflage 2023

Vertreten durch
Hannes Rückert
Heuweg 19b
18437 Stralsund

Printed in Poland
by Amazon Fulfillment
Poland Sp. z o.o., Wrocław

32408542R00078